# 春秋霸业

滕涛 著

中国工人出版社

# 序

历史的结局只有一种，真相只有一个，却有许多张不同的面孔。

碍于种种原因，史书记载简略直白，尤其先秦时代，往往一件惊天动地的大事件不过寥寥数百字而已，然而字里行间所透露出的讯息和留给后人思索的空间往往很大。

对历史进行解读是一种乐趣。当你拨开层层迷雾，触摸到冰山，发现隐藏在历史背后一些鲜为人知的东西，迷雾散去，过去呈现在面前，远比你所知更宏大、更辽阔。只要你有心，你的眼终有所见。当你看到某些历史事件与传统认知完全不同，某些熟悉的人物那令人陌生的侧面，会有什么感觉？喜悦，悲伤，惊讶，愤怒，抑或茫然的失落？

这就是读史的乐趣。

横看成岭侧成峰，远近高低各不同。同一历史事件、同一历史人物，站的角度不同所看到的往往不同。正史也好，野史也罢，哪一种更加真实，更接近于历史的真相，需要从不同的角度去观察。

唯有不同，才有百家争鸣；唯有不同，才有包罗万象。不同的视角才是观察历史的最佳方式。

历史是精彩纷呈的真实故事，如果晦涩难懂，只能平添大众读史的障碍，用通俗的语言写出历史的精彩，更容易让读者发现历史故事背后隐藏的古人的智慧与思想。当我们从一个故事走进另一个故事，前人的音容笑貌渐渐淡去，若有些许精神能隐约触动心田，便算有所得矣。

每个人都有梦想，乃至每个国家，每个民族，皆如此。梦想点燃激情，梦想催人奋进，人类堆积的梦想构成历史，形成文明。

华夏文明源起三代，春秋和战国是中国传统文化真正的形成期，哲学思想、文学艺术、天文历法、建筑工程、农工商业、城市社会、军事战争均达到前所未有的辉煌。儒墨道法兵阴阳纵横，百家争鸣，百花齐放。

老子、孔子、孟子、荀子、庄子、杨朱、墨子、韩非子、邹衍、惠施、屈原；孙膑、孙子、吴起、白起、李牧；苏秦、张仪、鬼谷子；齐桓公、晋文公、楚庄王、勾践、秦始皇；管仲、孙叔敖、商鞅、李斯；孟尝君、平原君、信陵君、吕不韦；专诸、要离、豫让、聂政、荆轲、高渐离……一串串耀眼的名字，一个个怀揣梦想的人，注定了那个时代的不凡。

《诗经》《管子》《道德经》《春秋》《左传》《国语》《论语》《大学》《中庸》《孟子》《庄子》《墨子》《离骚》《孙子兵法》《韩非子》《吕氏春秋》《战国策》……一部部皇皇巨著奠定了中国传统文化的根基。

春秋源自鲁国的一部编年体史书，鲁国史官们按时间顺序记录各国发生的重大事件，春去秋来，故书名《春秋》。孔子晚年加以修订，又有孔子著《春秋》之说。

春秋是一段乱世。列国内乱，兄弟争位，诸侯兼并，许多小国相继灭亡，“世衰道微，邪说暴行有作，臣弑其君者有之，子弑其父者有之”。据史书记载“楚荆王兼国三十，楚在春秋并诸侯凡四十有二；齐桓公并国三十五；秦穆公兼国十二，开地千里；晋献公并国十七，服国三十八”。至春秋晚期，起初有据可考的一百四十余国仅剩几十个国家。

春秋是一场梦，中国人华丽多彩的大梦。

大义灭亲不避骨肉，齐大非偶不攀上国。在齐太史简，在晋董狐笔。二子乘舟争先赴死，割股啖君守志绵山。申生以死全孝道，荀息以命不负托。先轸免胄入狄师，子胥鞭尸报父仇。齐桓公尊王兴灭国，宋襄公不鼓不成列。齐侯三入敌阵救丑父，勾践卧薪尝胆终吞吴。韩厥拒追郑成公，郤至礼敬楚共王。卧薪尝胆，孔子著春秋。庄周梦蝶，老子出函谷。专诸之刺王僚，要离之刺庆忌。三年不飞，一飞冲天。三年不鸣，一鸣惊人。

春秋是诸侯大夫的舞台，西周是王的天下。那么，西周的王究竟如何丢弃天下，春秋又是怎样走上连年战争诸侯争霸的混乱道路？

这要从两个人说起，一男一女，一王一后。男的名字叫作姬宫涅，中国历史很有名气的周幽王。女人的名气比他更大，褒姒。

我们熟悉的故事，烽火戏诸侯也与两人相关。

然而，你所听到的一切未必都是真实的，你所看到的一切也未必是真实的，所谓尽信书则不如无书。

若想探寻烽火戏诸侯的秘密，须了解西周王朝的前世与今生，去探秘王之天下。

# 目录

第一章

# 王的天下

溥天之下，莫非王土；率土之滨，莫非王臣。

——《诗经·小雅·北山》

这句诗显露出周人定鼎中原、开疆拓土、睥睨天下、大气磅礴的无尽气势。周人的历史足以上溯到尧舜禹的后稷时代，即便从创建豳国的公刘算起，周幽王时姬家已是传承一千多年的大贵族，其后还有春秋战国五百年的辉煌。与春秋战国时期诸侯、贵族和士大夫纷纷走上历史舞台不同，那段历史是王的独角戏，周人的王一手创建了中原大地如群星般灿烂的邦国。

## 封建邦国

西周乃蕞尔小邦，武王伐纣时总人口十万，这从兵力中可以推断出来。各种文献，《尚书》《孟子》《战国策》《韩非子》《吕氏春秋》，公论周军拥有“戎车三百，虎贲三千”。按古兵法一车七十二人计，两万余人。太史公的《史记》载，甲士四万五千人，显然夸张了。上古军事行动属于全族行动，伐纣必然全民总动员，按四人出一兵，周族人口不过十万。

小邦周取代大邑商成为中国的统治者，乃以小博大、以弱胜强，灭商之后面临如何统治广大中原国土的窘境。周人人口有限，兵力不足，当时交通不发达，生产力落后，没几座像样的城市，到处是荒原、山泽、森林、湖泊，以及数以千计的野蛮人部落。

周武王姬发为此彻夜不眠，终于想出良策。

既然自己无力统治，那就让别人去管理。

武王把周人直接控制区以外的广大土地进行分封，有人称为武装殖民，也有人叫作城邑联邦，历史称为“西周大分封”。

周人分封多少国家？荀子说最初七十一国，“周公屏成王而及武王……兼制天下，立七十一国，姬姓独居五十三人”。成康之后还有分封，宣王时尚有记载史册的分封，春秋初期著名的郑国。《春秋大事表》列春秋一百四十七国，《春秋会要》载一百四十二国。实际肯定大于此数，这是毋庸置疑的。

谁有资格享受分封？

血缘排第一，功劳排第二，望族排第三。

与周王室有血缘关系的同姓，周文王、周武王的子孙，如鲁、晋、虢、燕、卫等国；功臣勋旧，如姜子牙的齐国，芈氏的楚国；先民望族的后代，如神农、黄帝、尧、舜、禹的后人，也包括夏、商王室的直系亲属，如陈、缯、薛、宋等国。

分封不是周人首创，夏商都有过分封，但都是分封外族。哪个家族势力强大，商人给予认可，譬如商王文丁命周公季历为西伯，纣王任命姬昌为西伯。西伯，西部诸侯之长。

西周的大分封，更多分封自家子弟，所谓封建亲戚以蕃屏周。姬姓五十三国，再通过姬姓之国与异姓之国的通婚，血缘关系把诸侯和周天子紧密地联结在一起。大家都是亲戚，故而历代周天子亲切地称呼同姓诸侯为伯父、叔父，异姓诸侯为伯舅、叔舅。

周人是农耕民族，城堡周围种农田，农田边界种树，表示国界线到此为止，叫作封。城建了，国封了，封建完成。国为中心，邦为边界，称为邦国。

分封的国家有多大？出乎想象之小。比如今的县城小得多。方圆百里算大封国，一城一国。

据《竹书纪年》记载，商汤时天下诸侯有一千八百国，《史记》载，周武王观兵盟津，诸侯不期而会者八百。八百诸侯只是支持周人的，加上拥护商朝的，算起来依然有一千多诸侯。周天子所封的邦国夹杂在一千多诸侯国中缺乏安全感，每个诸侯带去封国的周人不过几十人、百人而已，于是，诸侯再把土地分给他的亲戚和功臣，叫作卿大夫，大夫再分给士。层层分封，人人有好处。得了好处要替人工作，士对卿大夫负责，卿大夫对诸侯负责，诸侯则对天子负责。天子—诸侯—卿大夫—士构成周朝特有的政治经济体系。这种体系叫作封建，西方中世纪即是如此。中国真正的封建社会仅存在于西周春秋战国时代。

密如蛛网的诸侯国控制着周围的古国和部落，拱卫着周王室，分封出去的卿大夫士用一个个小据点拱卫着诸侯。西周与春秋时代像夜空星盘，列国如群星闪烁般布满华夏大地。

分封出去的诸侯有如泼出去的水，如何确保诸侯效忠周王室呢？没有足够的武力只能靠道德信仰。

与殷商的鬼神论不同，西周的信仰说到底只有一个字。

礼！

礼所代表的是文明和秩序。

## 周公制礼

人与人之间的约定，大家共同认可的东西，即所谓契约、公意。周人称为“礼”。周礼不是礼貌，而是风俗、礼仪和法律混合体。

今人看周礼，多从三本书中来，《周礼》《礼记》《论语》。

周武王伐纣三年后去世，成王年幼，周公姬旦摄政七年。周公吸取商朝败亡的教训，商人信鬼神，崇尚强力，还是灭亡了。周公一改商人的鬼神信仰，制定各种礼仪和乐章，以此维系周朝的统治。

契约不是一个人定的，是人与人之间的约定。周礼是周公代表周朝的统治者和天下诸侯的约定。

周礼详尽地记载了当时人们之间的约定，当然这是贵族间的约定。《礼记》中有这么一句话，“礼不下庶人，刑不上大夫”。周朝是等级社会，天子诸侯卿大夫士，礼就到士这一级。

《论语・乡党第十》详细记载了一个士大夫的生活习惯，完全合乎礼，此人就是孔子。衣服怎么穿，话怎么讲，饭怎么吃，路怎么走，都有详细的规定，不说别的，“食不厌精，脍不厌细。食饐而餲。鱼馁而肉败，不食。色恶，不食。臭恶，不食。失饪，不食。不时，不食。割不正，不食。不得其酱，不食”。啥意思？粮食不嫌舂得精，鱼和肉不嫌切得细。粮食腐烂不吃，臭鱼烂肉不吃，食物颜色难看不吃，气味难闻不吃，烹调不当不吃，不到吃饭的时间不吃，肉割得不正确不吃，没调味酱不吃。

很多人一想到周礼，想到传统美德，就想起三纲五常，三跪九叩，那不是周礼，那是皇权专制下的文化。

有个典故叫作礼贤下士，指权贵们降低自己的身份，敬重和结交地位低有才德的人，使其为自己效劳的一种手段。能做到礼贤下士的人不多，然而，礼贤下士在周礼中是贵族们应守的规矩。

《礼记》中载：“大夫觐见主国国君，国君要行拜礼感谢他的屈驾光临。士进见大夫，大夫也要如此行礼。同国之人初次相见，不论身份高低，应由主人先拜，感谢客人的光临。国君对于本国的士，因地位悬殊，不须答拜；但对于他国的士，因为不是自己的臣子，则须答拜。

大夫不能和国君相比，对于家臣，无论其贵贱，都要答拜。男女尽管有别，但互相答拜的礼不可少。”

周礼影响深远，延续数千年之久，成就华夏礼仪之邦的名声，时至今日，国人所遵守的道德规范依然是周人制定的“礼”。譬如尊敬领导与师长，听父母的话，爱护幼小，赡养老人，帮助贫穷和残疾人，所谓“君君臣臣，父父子子，慈幼，养老，振穷，恤贫，宽疾，安富”等等。

周礼讲究分工明确，君有君的职责，臣有臣的操守。不是单方面的要求，而是相互的责任，相互的尊重，相互的约定。

《周礼》的立意并非要做一国之典，而是要为千秋万世立法则，它做到了，直到今天中国人的道德文明仍然在周礼的范畴，对得起周公“一沐三捉发，一饭三吐哺”。

孔子最崇拜的人就是周公，做梦老梦到他，原因就在于此。

分封和周礼就像西周王朝的两个车轮，驱动和保护王朝缓缓向前。弱点亦显而易见，若动了分封制和周礼，西周的统治就会出现危机。

谁动了第一块不该动的奶酪？

## 穆天子

穆天子即周穆王姬满，西周第五位君主，据说在位55年，做天子时间最长。

周人起自西方，与西方部族关系原本不错，周公季历与文王姬昌父子苦心经营数十年，边打边拉，恩威并施，西戎各族臣服周人，曾跟随武王伐纣，可惜周穆王把事情搞砸了。

《国语·周语》第一篇即是穆王将征犬戎。

周穆王征犬戎乃西周历史上一件大事。

西周亡于谁？

犬戎。

前因后果串联起来，难怪后世以太史公为首的史家，将穆王发动对犬戎的战争称为错误的战争。

犬戎何族？

顾名思义，犬，狗也；戎，兵器也。犬戎就是拿着兵器的狗。一望可知，这是蔑称。周人喜欢用“夷、狄、戎、蛮”等含有贬义的词汇去称呼外族，来显示自身的正统和文明，习惯一直延续到今天。

这些拿着兵器的狗真是野蛮人吗？

非也。相反他们有自己的文明。

犬戎是中国的古老族群，上古时代就已存在于中国，居住在西北。《后汉书·南蛮西南夷列传》中载，“昔高辛氏有犬戎之寇”。《山海经》中说，“黄帝生苗龙，苗龙生融吾，融吾生弄明，弄明生白犬，白犬有牝牡，是为犬戎”。如果《山海经》记载非虚，那犬戎是根正苗红的黄帝子孙。夏后帝桀时犬戎入居邠、岐之间，比周人的先祖还要早，此时周人的先祖公刘尚混迹戎狄之中。犬戎并非野蛮人还有一个明证，祭公谋父劝谏穆王时说，“吾闻犬戎树敦，率旧德而守终纯固，其有以御我矣”。旧德，传承已久的文明。犬戎拥有传承已久的文明来抵抗我们。

犬戎不是野蛮人，也未必是游牧民族，制度和文化都达到一定的高度，足以和周人抗衡。

犬戎族名的由来并非单纯来自周人的蔑称，狼图腾由来已久，周穆王西征犬戎得四白狼，四个以白狼为族徽的部落。极有可能犬戎以狼为图腾，被周人蔑称为犬，也或者犬狼同祖，同样崇拜。

穆王西征带回四白鹿，四个以白鹿为图腾的部落。东西方的历史大约相近。《冰与火之歌》虽说是轻魔幻小说，却以中世纪西方历史为背景。史塔克家族的族徽为狼，拜拉席恩家族的族徽为鹿，与中国犬戎各族相似，很有趣。

犬戎不是野蛮人，他们是商人，不是商朝的遗民，而是现代意义的商人。犬戎控制着那个时代最大的利润来源。

西周时什么最值钱？

青铜、珠玉、马匹。

铁器出现之前是青铜时代，人们用青铜制造礼器、兵器、乐器、车马器、农具、工具、杂器等。据考古发现西周最大的铜矿在湖北大冶铜绿山，有铜矿开采遗址。

珠玉是奢侈品，曾用作货币，主要产区在西北的群玉之山，今日的新疆。

西周主要交通工具是车辆，马匹的用途远超后世，周朝最大的牧场在西北。

新疆的群玉之山、西北的牧马之地、湖北的青铜矿，正好连成一条贸易路线。《管子·揆度》记载了先秦这条主要的贸易通道："珠起于赤野之末光，黄金起于汝汉水之右衢，玉起于禺氏之边山。此度去周七千八百里，其涂远，其至阨。"

犬戎位于诸地之间，相当于曾经控制东西方贸易的阿拉伯人。犬戎入镐京时有两大盟友，申和缯。

申国在哪里？申国有西申和南申之说，南申从西申演变出来的。南申在今河南南阳，古为宛地，盛产黄金，同时也是江阳之珠北上的主要通道。申国之所在即为汝汉水的起点，周宣王曾用申侯掌南国之师，统率汉上诸姬保铜绿山的资源。

缯国有啥？有个词叫缯絮。缯帛丝绵及其所制的衣物，中国最拿手的丝绸。

且看：犬戎有昆山之玉，申有黄金青铜珠宝，缯有丝绸。

这是完整的贸易链条，中国最古老的丝绸之路，利润何其巨大。穆王不眼红吗？《穆天子传》记载穆王于群玉之山开采玉石，“取玉版三乘，玉器服物，载玉万双”。这就是周穆王西征之目的。

## 耀德不观兵

祭公谋父劝谏周穆王不要征伐犬戎，开篇即提出中国传统文化一条很重要的治国理论，耀德不观兵。

这句话不难理解，炫耀道德文化而不展示军力。后世儒家将这条思想奉为圭臬，所谓以德治国。

齐宣王曾问过孟子：“仁德如何统一天下？”

孟子答：“爱抚百姓则天下一统。”

齐宣王又问：“我能做到吗？”

孟子答：可以。大王未能用仁德统一天下，不是因为做不到，而是不做。而后，孟子对仁德做了一个著名的解答，怎样对待自己的老人就怎样对待他人的老人，如何疼爱自己的孩子就如何疼爱别人的孩子。天下便在指掌之间。

对待别人的老人和孩子如同己出，中国古代的统治者从来没有做到，他们总以为孟子说梦话。

祭公谋父说国家富强不靠打仗掠夺，靠经济建设。周穆王不喜欢搞经济建设，喜欢打仗，来钱快，抢就是了。穆王西征战果并不像《国语》《史记》所说，不过弄了四只白狼和四只白鹿回来。

《竹书纪年》对穆王战功进行了如实记载，“王北征，行流沙千里，积羽千里。征犬戎，取其五王以东，遂迁戎于太原。西征，至于青鸟所解（三危山）。西征昆仑丘，见西王母。西王母来见，宾于昭宫。西征还履天下，亿有九万里（亿，古代指十万）”。

穆王击败犬戎，抓获了五个王，逼犬戎迁至太原。打通西北道路，见到西方王国的统治者西王母，将古丝绸之路的控制权牢牢握在手里。

负面影响：自是荒服者不至。

何谓荒服者？

## 五服制度

不提倡打打杀杀，大周王朝如何开疆拓土实现“溥天之下，莫非王土；率土之滨，莫非王臣”的华夏文明的王道呢？

来看五服制度。

《史记·周本纪》记载得很清楚：“夫先王之制，邦内甸服，邦外侯服，侯卫宾服，夷蛮要服，戎翟荒服。”

五服就是五个圈，以天子之都为核心的五个同心圆。五百里为一区域。天子直接统治的地区为甸服，环绕王畿建立起来的列国为侯服，侯服之外被征服的国家为宾服，再往外是要服，最外面则为荒服。

五个圈不重要，重要的是五个圈的意义，代表着中华朝贡制度。甸服每日朝贡；侯服一月一次；宾服一季度一次；要服一年一次；荒服来一次就行，天子举行葬礼的那天来。

距离王城越远控制力越小，优惠越大，荒服诸邦一辈子来一次就够了，做做样子，这叫形式上的大一统。每当周天子过世，犬戎诸王会来参加葬礼。犬戎的行为符合周礼，而周穆王要求犬戎每季度来一次，战争就不可避免。

穆王西征犬戎之战以周军大获全胜告终，诸多犬戎部落被强行迁徙，对外军事征服的后遗症显现，荒服者不至。不仅剩余的犬戎部落再也不来，西戎，整个戎狄荒服的部落都不肯再来朝贡。不来倒也罢了，为争夺巨大的利益，双方结下世仇，从此战争不断。

周穆王违背周礼，轻易挑起争端，埋下祸根，开启犬戎与周朝两百多年的战争。

穆王之时，兵威强大，西戎诸部老老实实。穆王一死，戎狄部落跃跃欲试。周懿王姬囏在位时西方诸部族对周王朝发动声势浩大的进攻，除了犬戎，西戎诸部也来了，翟人也到了。为了躲避戎狄部落的攻击，懿王自镐京迁都槐里。

懿王死后周室发生了一起叔父夺侄子王位的权力游戏。西周君位传承一向严谨，严格按照礼法来，从未有过越礼举动，更未发生宫廷政变，叔父夺位实属罕见。如果放在西戎大兵压境，周王室危在旦夕的局面下倒也情有可原。叔父姬辟方夺太子姬燮之位登基，是为周孝王。孝王组织军队对西戎进行反击，这次反击战的统帅为申侯。战果不错，第二年西戎退兵了，而且还来镐京献马。除此之外，孝王做了一件对中国历史来说很了不起的事儿。

## 秦嬴诞生记

孝王为反击西戎，在汧水和渭水之间开辟牧场养马，重金招募养马的行家，有一个叫非子的人应聘，一年下来马的数量翻了一倍。孝王十分高兴，裂土分封，分了几十里地给非子，赐姓嬴，因为非子的先祖大费因善于驯兽被舜帝赐姓嬴。非子算是恢复祖先的荣耀，这几十里封地在秦谷，世人称为秦嬴，秦国的始封之祖，没有非子就没有秦国，也就没有大秦帝国。

孝王起初并不打算封非子于秦地，而想让非子继承其父大骆的领地。《史记·秦本纪》记载一则故事：非子养马有功，孝王原本想让非子成为其父大骆的嫡子。大骆的封地在犬丘。按照周礼，嫡子和庶子的地位有天壤之别，嫡子有继承权，庶子没有。嫡子称王，庶子只能做诸侯；嫡子继承诸侯，庶子只能做卿；嫡子继承做卿，庶子只能做大夫；嫡子继承大夫，庶子只能做士；嫡子继承做士，庶子就变庶人了。庶子整个降一级，《红楼梦》中贾宝玉和贾环的区别。只有一个人能改变这一切，天子。天子让谁做嫡子，谁就是嫡子。中国如此，西方也是如此。《权力的游戏》中史坦尼斯国王对琼恩·雪诺说，只要你归附我，你就不再是私生子，而是堂堂正正的临冬城的主人。这就是国王的权力。

当然，这是违背周礼的，即使贵为天子也不应该强行改变血统和礼法，申侯强烈反对。

申国位于丰镐以西，活动区域大致在今甘、陕交界的小陇山南麓地区，世代为周人镇守西部边陲。申乃姜姓大国，申国与齐国，一东一西，分镇东西。

申侯之所以阻止孝王封非子为大骆嫡子，是因为大骆的嫡子成是申侯的外孙。申侯说，“从前，我的祖先娶骊山之女，所生的女儿嫁给中衍的玄孙胥轩为妻，生了中潏，故而和周人亲近，从此归附周朝，替周守卫西陲，西部边境因此能够与西戎和睦相处。而今我早已将女儿嫁给大骆为妻，并生下嫡子成。我们与大骆再次联姻，才使西戎归附，您才得以称王，大王还是再考虑考虑吧”。

威胁，赤裸裸的威胁。什么叫申国与大骆的联姻才使西戎归附？

申国又称申戎，居民多为戎人，周人口中的野蛮人，他们两次与华夏通婚，从此接受周文化，也就是说申国也是西戎诸部之一，与犬戎并列的西戎部族，他们与西戎有着千丝万缕的联系。如今您不让我的外孙做嫡子继承犬丘封地，西戎不服。从申侯的话中不难看出申国武力的强大。

周孝王依靠申国的力量暂时镇压西戎，才有西戎献马和好的举动。孝王妥协了，改封非子于秦谷。后人其实要感谢申侯，如果非子继承犬丘之地，秦朝便无从说起，只有犬朝、丘朝或者犬丘朝，实在不如秦大气。

这个故事向人们揭开西周王室、西戎（犬戎）、申、秦、犬丘大骆诸势力之间的恩恩怨怨，有助于了解周室东迁的那场惊天的大变局。

孝王在位 6 年去世，死后诸侯拥立原太子姬燮即位，是为夷王。孝王夺位 6 年难道就是为了让秦国诞生？历史就这么有趣。

周穆王违背周礼轻易发动战争，点燃犬戎与周朝持续两百多年的战火，造成西周王室的困境，另一个王从内部破坏周礼，瓦解了诸侯与王室的信任。

## 恶人周厉王

若论西周大恶人，非周厉王莫属。周厉王姬胡乃夷王之子，周宣王姬静的父亲。

《史记》评价周厉王姬胡，“暴虐侈傲”，暴虐无道，奢侈傲慢。死后谥号为厉，厉不是什么好字，“杀戮无辜曰厉，暴虐无亲曰厉”。要知道谥法刚兴起之时只是后人怀念先人所做的美誉，拣好听的话说，用好词，从不说坏话。恶谥，自周厉王始，足见大家多恨他。

姬胡登上天子之位，四海不太平，烽烟四起。淮夷于厉王三年进逼洛邑，虢公长父带兵征讨失利。南方楚君自称楚王，这是厉王所不能容忍的。厉王十一年，西戎攻占犬丘，屠灭大骆之族，与周王室战火重开。

面对四境烽烟，年轻气盛的厉王姬胡并不畏惧，反倒迎难而上，满怀希望重塑王朝。他遇到人生知己荣夷公姬士，荣国第六任君主，两人相见恨晚，一拍即合，当即任命为执政的卿士。

荣夷公并非好德之人，乃一好利之徒。正因为喜欢钱才能解决周王室面临的困境，缺钱如何打仗？

快速积累财富没有人比荣夷公更在行，很快开出敛财的良方，开辟了一条新税源，以国家名义垄断山林川泽，不准国人私自打猎捕鱼，统统交税。

森林、山川、沼泽、湖泊属于公共财产，从来不征税，这是周王朝的老规矩，此令一下，群情激愤，大家都不满意。

大夫芮良夫劝厉王不要这么搞，森林、山川、沼泽、湖泊是天地自然生成的。如果有人独占，祸害无穷。天地之间的财物人人可以获取，怎么能独占呢？普通人独占财利，称为强盗。大王如果这样做，归附的人就少了。

与民争利！后世争论不休，汉有盐铁论，宋有熙宁变法，简单一句话，民富还是国富？

周厉王当然希望国富，而国人自然希望民富。于是，国人有意见。为了让新制度能够贯彻执行，厉王不让人说话，封锁言论，为此建立了有史以来第一个监察机构，监察人员由卫国的巫师担任。殷商之地多巫师，卫巫的本事通天彻地，听个八卦不在话下，诽谤议论朝政格杀勿论，以至于人们不敢说话。

“道路以目”由此而来，而后召公劝谏，“防民之口，甚于防川”的典故又出现了。可惜，周厉王听不进去。

不到三年，愤怒的国人攻入王宫，周厉工姬胡仓皇出走，逃到彘地，这就是耳熟能详的国人暴动。

周王乃天子，代表上天统辖万民，国人造反实属罕见，周人建政镐京以来第一次。

国人何人？

如今称呼国人，指中国人。那时的国人并非全体周朝人，范围很小。周人灭殷商，为更好地统治国家，裂土分封，每个诸侯国有一座都城。“都城”通常有两层城墙，所谓“三里之城，七里之郭”。住在城里的称为“国人”，住在郊外的称为“野人。”大体相当于今天的城里人和农村人。这种行政区划叫作国野制，又叫都鄙制。野人也叫鄙人，后来演变为自称的谦词，意思说我不是城里人，我是农村人，地位低，没文化。

国人为何地位高？

国人是征服者，包括周人的贵族和平民。野人是被征服者，商人和其他族的平民。国人有人身自由，有政治权力，周朝中央军“西六师、东八师”的主要成员。国人可以干政，甚至决定国君的废立。《周礼·秋官·小司寇》中载：“小司寇之职，掌外朝之政，以致万民而询焉：一曰询国危，二曰询国迁，三曰询立君。”就是说，国家的安危、国都的迁徙、国君的拥立，都要征求国人的意见。

周厉王不听国人的意见，不仅不听，还不让人说话，国人自然要反。

咦？大家很奇怪，这是什么操作，秦有焚书坑儒，宋有乌台诗案，清风不识字。人家都好好的，为何只有厉王跑了？这就是西周的政治环境，言论自由，贵族和国人可以干政。士之所以称为士，不仅衣食无忧，更是国的主人。只有这种政治环境，才有春秋战国时期的百家争鸣。

国人暴动幕后的支持者浮出水面，诸侯。

同年，共和行政。国人推选共国的国君姬和摄政行天子事，人们熟知的共伯和，这是《竹书纪年》和《清华简》的说法。太史公记作召公与周公二相行政，考古发现倾向于前者。

日历，公元前 841 年。好好记住这个年份，从此之后中国历史从传说走向信史，历千年不再迷惘，这是一座中国历史的里程碑。

老子跑了，儿子留下。高高的里程碑下太子姬静惊慌地瞧着这一切，召公的儿子身着太子冠冕从容赴义。

太子从此变为隐身者。这件事深深影响着少年姬静，他默默地等待机会。

共和十四年，周厉王死于彘地，国人的愤怒早已随岁月消散，太子姬静终于走向前台，登上天子之位，同时他也明白了父王垄断自然资源的苦衷。

第二章

# 周宣王的是与非

江汉浮浮，武夫滔滔。

匪安匪游，淮夷来求。

既出我车，既设我旟。

匪安匪舒，淮夷来铺。

——《诗经·大雅·江汉》

王犹允塞，徐方既来。

徐方既同，天子之功。

四方既平，徐方来庭。

徐方不回，王曰还归。

——《诗经·大雅·常武》

周宣王姬静执政46年，锐意进取，征伐四方，以一代中兴之主的形象载入《诗经》，云汉、崧高、烝民、江汉、常武、六月、采芑、车攻、吉日，纷纷赞美宣王君臣同心征犬戎、伐西戎、讨淮夷、镇南国的战功赫赫。然而，依靠军事征服建立起来的繁荣透支王朝未来，强盛不过昙花一现。中兴之主死于鬼神的剑下，成为千古疑案。

## 宣王中兴

周宣王登基之前大旱五年，旱情严重到房屋都着火。《竹书纪年》载："大旱既久，庐舍俱焚。"《诗经·大雅·云汉》记录了当时人们的绝望情绪：

旱既大甚，则不可沮。赫赫炎炎，云我无所。

旱既大甚，涤涤山川。旱魃为虐，如惔如焚。

周余黎民，靡有孑遗。

五年大旱是共和执政结束的直接原因，太卜说，"这是厉王的鬼魂作祟"。厉王刚死，大旱已历时五年，这其中关系应该不大，但在那个相信天人感应的时代，天就是人们的神，天的所作所为就是神的旨意。于是，共伯和隐退，宣王姬静得以上台。《竹书纪年》对共伯和大加赞扬，"和有至德，尊之不喜，废之不怒，逍遥得志于共山之首"。

说来也怪，周宣王姬静登基，一场大雨突如其来，旱情减退，宣王自然把自己当成真命天子，做起事来无所畏惧。

若非召公的儿子做替身，此时的姬静怕已是国人剑下的鬼魂。死过一次的人早将生死置之度外，十四年的漫长等待，姬静发誓要恢复周天子的荣光。

与后世皇帝不同，贵为天下共主的周天子没有多少权力，甚至可以说少得可怜。诸侯封了，不能再改变，大夫和士不由周天子任命，均为世袭，更别说插手地方事务。谁管世间的一切呢？周礼。大到君位传承、邦国交往、出兵打仗，小到耕田种地、婚嫁丧娶、吃饭穿衣，周礼均有详细的规定，周天子做什么呢？垂拱而治。周公的设计不错，但人的欲望无穷尽，当你成为天之子，万民景仰的王，会只满足于吃喝玩乐，不想成就一番大事业？于是，历任有能力的周天子都在破坏周礼，周穆王带头破坏周礼，挑起与犬戎的战争，继任者欲罢不能，如今轮到周宣王。

姬静踏上漫长的军事征服之旅。

宣王元年，周人大肆建造战车，进行军事准备。三年，姬静朝堂之上召见秦地的秦仲。

秦仲，嬴姓，非子的重孙，父亲秦公伯，祖父秦侯。乍一听，又是公伯又是侯，了不得。这完全是秦人的自吹自擂，秦始皇一统六国，六国史书尽焚，只留秦人的，想怎么写怎么写。什么秦公伯、秦侯，史书之上连个名字都没有。秦国直到列为诸侯的秦襄公及其子孙秦文公和秦静公都无名字可查。楚国先祖受封子爵，小得不能再小，查下文献，早期君主起码有个名字留传下来，可见秦国的野蛮与落后。秦仲，仲，老二的意思，秦老二，秦谷的老二，秦地给周王室养马的老二，无庙堂之风，大有江湖之气。

周人农耕起家，天子分封诸侯，均分封于平原，哪有封到丘陵山谷的，那是游牧民族待的地方。孝王封非子于谷地，只是为了方便养马，连个子爵都算不上，顶多算个附庸。冷兵器时代马匹是战略资源，秦人凭借秦谷方圆五十里的土地最终一统天下，完全是周人始料不及的。

宣王姬静问秦老二，想复仇吗？

姬静所指是十八年前西戎攻破犬丘，屠杀大骆一族的仇恨。

大骆乃非子之父，论血缘关系三代之外。秦仲心里清楚天子说这话的目的，无非让秦人攻打西戎，替周朝平定边患。西戎诸部强大，周王室都不是对手，何况小小的秦族。秦老二一口答应，拍胸脯儿发誓报先祖之恨，雪王室之耻。姬静大喜，封秦仲为大夫。不是诸侯，仅是一名大夫。不要小瞧大夫，大夫有车马、礼乐，有臣子，有封士的资格，不再是养马的头领，正式迈入贵族的行列。刑不上大夫，以后也是讲礼的人了。自此，秦人才正式获得周人的认可，勉强称得上华族。

秦仲明白，这一切要靠生命来换，回到秦地整顿人马，兵发犬丘。这一仗打了两年多，秦仲如头狼带领族人奔驰在西北山谷旷野之上，四处征战，马革裹尸，死于荒原。头领战死，可想而知秦人的损失多么惨重。

秦仲为周王室战死，姬静的目的也达到了。他原本没指望秦人能打败西戎，拖住敌人即可。秦仲在西境浴血奋战的三年，周军主力东征南讨，尹吉甫率军北伐猃狁，方叔帅师南征荆蛮，召虎讨伐淮夷，姬静亲率大军进攻徐戎，四路大军进展顺利，尤其方叔与召虎的两路军队，大获全胜。方叔与召虎也被后世称为周室中兴名将，国之爪牙。

如今可以腾出手来收拾西戎，姬静召见秦仲的五个儿子，借七千兵马复仇。秦家五虎彪悍凶猛，为报父仇不惜拼命，又有王师主力加持，焉有不胜之理。秦家五兄弟夺回犬丘，宣王解决了边患，秦家五子收获先祖的土地。秦仲长子嬴其继承父亲的衣钵，获得两座城邑，秦地与犬丘，嬴其死后被秦人尊为庄公。当年周孝王不敢让非子继承犬丘的领地，如今大骆嫡系一脉死绝，秦嬴报先人之仇，继承领地顺理成章，即便申侯也无法反对。

宣王并未封嬴其为诸侯，封为西陲大夫，大约相当于西部边防守备司令。秦人功劳虽大，然而一非姬家血脉，二非开国功臣，三非先民望族，反而曾是周朝的敌人。武王伐纣，嬴氏的先祖蜚廉、恶来为纣王卖命，站错队。秦人想名列诸侯，路漫漫其修远兮，封侯尚未成功，我辈仍需努力。

周宣王姬静东征西讨南征北战，靠武力中兴周室，重塑天子的威严。为向诸侯立威，姬静做了一件令人目瞪口呆的事儿。

## 不籍千亩与废长立幼

千亩是周宣王姬静的私田，天子千亩，诸侯百亩。西周以农耕立国，种地乃第一要务，天子也不能例外。每年春耕时分，周天子亲自种地，称为籍田之礼。天子一个人不可能种千亩地，抡一下锄头做做样子，榜样的力量无穷尽。上天一瞧，我的儿子很能干，以后不愁祭品；老农们一瞧，贵为天子都要下地干活，心里也就平衡了，安安心心地面朝黄土背朝天种一辈子地，不再去想别的谋生手段。与后世的农民不同，西周的农民没有土地所有权。井田公有，分大田和私田，大田属于贵族，私田的产出才属于个人。野人和奴隶无偿去大田为贵族们劳作，心不甘情不愿，天子去大田露一手，表示与民共辛苦，算心灵安慰。

即便做样子，姬静都不肯。天子的工作不是种地，而是有更重要的事去做，比如指挥打仗。连年军事胜利征服太多的民族，俘获大量的战俘和奴隶，他们才是干活的。

诸侯不满意。周礼是周公代替周天子与天下诸侯卿大夫士的共同约定，你说破坏就破坏了？执政卿士的虢文公一番苦口婆心地劝，最后用半威胁的口吻说：“如今天子欲继承先王的功业而废弃籍田之礼，神灵祭品匮乏，百姓财物短缺，该拿什么向神灵祈福，又拿什么征用百姓之力？”

休唬我！姬静非但不听，还将籍田之礼废除。今年不去，年年不去。

姬静向诸侯示威，向周礼叫板！你们当年废了父王，又险些害了寡人，如今还想教训我？

诸侯敢怒不敢言，作吧，等着上天的惩罚。

宣王二十一年，东方传来坏消息，鲁国公子伯御弑杀鲁懿公姬戏登上国君之位。姬静一听，暴跳如雷，什么弑国君，分明打寡人的脸。

这话要从十三年前说起。那年，鲁武公姬敖带着两个儿子长子姬括、少子姬戏来到镐京朝见天子。

朝拜礼仪结束，鲁武公向宣王介绍自己两个儿子，姬静不经意间问了句不该问的话，“伯父可曾立太子？”

诸侯立太子，宗法有明确规定，嫡长子继承制。嫡子为诸侯，庶子为大夫。若都是嫡子，那么长子为诸侯，少子为大夫。嫡长子是土地、财产和权力的主要继承者，地位最尊贵，故嫡长子也被称为宗子。

西周时代诸侯的太子不需要立，靠血统，凭出生时间，生来就是。鲁武公莫名其妙，不知天子何意。姬静接着说，“寡人观戏聪明伶俐，资质过人，材堪大任，可立为太子”。

此言一出，不仅鲁武公父子三人傻眼，在场的诸侯大夫们都愣住。大夫仲山甫当即表态反对，废长立幼不合制度，不合制度则得不到执行。王命得不到执行，天子威信必受损害，民众就不把天子当回事儿，诸侯效仿，先王的礼制形同虚设，最后没法收场。结束语又是那句，王其图之，您自己看着办。

宣王号称中兴之主，仲山甫看明白的事儿，他心里也清楚。立姬戏为鲁国太子，宣王满怀恶意，早看鲁国不顺眼。

鲁国，诸姬之长。周王室讲宗法，搞血缘，亲亲上恩，鲁国是姬姓宗邦，诸侯望国，“周之最亲莫如鲁，而鲁所宜翼戴者莫如周”。鲁国诸君，最讲究周礼，所谓周礼尽在鲁。正统高贵的出身，外加宗法守护者，赋予鲁国特殊的地位，周边小国诸侯向鲁国进贡者不计其数。

鲁国坐大，周宣王不满。凭什么寡人东征西讨，鲁国坐收渔利，财物也不多贡奉。鲁国不是最守周礼嘛，那就让你们破一次例给天下人瞧瞧，挫一挫鲁人的气焰。

捉弄了鲁国君臣的姬静沉浸在恶作剧的欢乐中，浑然不觉他的轻佻举动为王朝动乱埋下了祸根，同时搭上了自己的性命。

鲁国与周王室的关系开始恶化，鲁武公归国后郁郁寡欢得病死去，少子姬戏终究没有伯夷叔齐的胸襟，遵从周王之命登上国君之位，是为鲁懿公。兄长姬括不久气死，其子伯御将恨意埋在心中，发誓夺回属于自己的一切。在姬括、伯御父子看来，鲁国明明是他们的，自己的东西无法获得，才是人生最大的悲剧。

姬括是邾武公的外孙，伯御一党得到邾国君主邾武公夷父颜的大力支持。邾国虽为鲁国附庸，但国力不弱，邾武公有底气，加之鲁人同情伯御的遭遇，政变很顺利，因为大家都认可伯御才是鲁国最合法的继承人。

姬静明白是自己的错误造成的这一切，但他忍不下这口气，天子的威信不容挑战。君子报仇，十年不晚。十一年后王师来到鲁国，诛杀伯御，改立鲁懿公的弟弟姬称为君，是为鲁孝公。宣王仍不解气，顺路讨伐邾国，邾武公夷父颜死于阵前。

周宣王气出了，然而事情恶果显露，违背周礼宗法，引发鲁国内乱，插手诸侯事务，杀害正统继承人，影响极为恶劣。从此之后，诸侯经常违抗王命。

诸侯与王室貌合神离，北戎趁机作乱。宣王的军队连战连败，先败于太原之戎，与晋国联军又败于条戎、奔戎。最可怕的是和姜戎的千亩大战，两军交战异常惨烈，周军大败，御人奄父拼死奋战，凭借高超的驾车技术保护宣王逃离战场。此战，周人丧南国之师。

西周的王师由西六师和东八师构成。西六师也叫作宗周六师，属于禁卫军，负责守卫镐京；东八师亦作成周八师，驻守洛邑中原一带，负责监视殷商后裔，抵御淮夷、南蛮。南国之师为东八师组建，常年驻守江汉之间。周宣王调南国之师北上讨伐姜戎，不承想全军覆没。

西周没有常备军，西六师和东八师也是闲时务农，战时参军的周朝平民。不断的军事失利令周宣王万分沮丧，又做出一次大胆的举措，料民于太原，清点太原地方的人口，为征兵做准备。

人口普查，再正常不过的行政举措，在那个时代却不被允许。大夫仲山甫提出异议，自古以来，君王通过百官了解人口状况，直接人口普查没有必要，只会向诸侯暴露王室兵员不足、行政管理低效的弊端，从而遭到诸侯轻视，给后世留下祸端。宣王心里有苦说不出，百官若值得相信，费这么大劲儿干吗。况且太原之地的民众大部分是周人从四方迁来的戎狄之人，用外族当兵不合制度，足见兵员缺乏的窘迫。

因南国之师，周宣王和申侯闹翻了。

## 南国之申

申侯，此申侯非彼申侯。

秦嬴非子时代的申侯是西申之侯，国在西陲。申侯平定西戎有功，风头正劲，不仅阻挠非子做大骆继承人，还将女儿嫁给周厉王。申国在春秋初年沦为小国，故人们不知历代申侯的名字。

宣王继位之后，重新分封母舅申侯于谢邑，在今河南南阳一带，是为南申。申国南迁声势浩大，《诗经·大雅·崧高》详细记载了此次封建邦国的盛况。召公在谢地大兴土木，建宫室、宗庙、都邑。宣王亲自去西申国为母舅践行，赐宝马、玉圭，尊为方伯，统率汉上诸姬，镇抚南方。

西申与西戎关系密切，宣王此举将申国与西戎分开。申侯南迁，势必带走很大一部分人，西方旧有的申国势力衰弱。于是，秦仲顶了上去，成为抗西戎的先锋。西方的申国如同东方的齐国，世代为周朝守卫西藩，如今变成秦国的责任。秦国虽小，却为后世坐大奠定了政治上的基础，也少了一个劲敌。

申侯为何如此听话？一是因为当时诸侯国举国迁徙实属平常之事，南阳靠近盛产青铜与江珠之地，经济发达，再者申侯是周宣王的母舅。

申国南迁当然不仅为了把申国和西戎分开，而是针对楚国。

此时的楚国正如一颗冉冉升起的新星。如无强大的力量震慑，青铜与江珠怕与周王室无缘。

申侯从此为周室镇守南方，少不了王师的协助，周宣王将南国之师尽数北调，千亩之战全军覆没，申侯倍感压力，与宣王产生矛盾。此申侯非宣王的母舅，而是又一任申侯。《竹书纪年》记载宣王四十一年，周军与申国打了一仗，结果败了。为了修复与申国的关系宣王替儿子姬宫涅定了一门亲，娶申侯之女为妻。姬宫涅，大名鼎鼎的周幽王。

## 刎颈之交

兔子起舞，马化为人，接着又有马化为狐的传言，流言四起，遍布镐京。每当人们对王朝前途悲观之时总会有各种各样的谣言。“檿弧箕服，实亡周国”的谶语不胫而走。檿弧箕箙，即桑木制的弓，箕草编的箭袋。周宣王不反思自己，反倒下令将桑木弓、箕草箭袋列为违禁品，大肆捕杀贩卖弓矢的商贩。因此事与杜地的领主杜伯发生冲突，将杜伯杀死。

另有记载说周宣王杀杜伯因为宠妃女鸠。女鸠看上英俊帅气的杜伯，想方设法引诱，杜伯一身正气地回绝了。女鸠恼羞成怒，在宣王面前诬告杜伯想和她私通。宣王盛怒之下杀了杜伯，引出一段惊天地泣鬼神的友谊。

友谊的小船说翻就翻，那不是真正的友谊。真正的友谊不会翻船，那是心灵的结合。这不是我说的，伏尔泰说的。

杜伯有个朋友叫左儒，听说宣王要杀杜伯，九次入宫求情，宣王烦了，怒斥：“别君而异友，斯汝也。”重朋友轻君王说的就是你。

左儒随即抛出他的君主朋友论，或者说忠义论。“君道友逆，则顺君以诛友；友道君逆，则率友以违君。”君主正确朋友错误，听君主的；朋友正确君主错误，听朋友的。

先秦无愚忠之说，没有什么忠义不能两全，谁对听谁的。宣王自然不喜欢这套理论，命令左儒收回说出的错误观点，否则连他一块杀。左儒又说了一句名言，“古之士不枉义以从死，不易言以求生”。君子宁死不会歪曲正义，更不会改变自己的说法来保全生命。

杜伯死后，左儒自杀。为朋友去死，真正的友谊莫过于此。然而事情并没有结束，阴谋正悄悄酝酿。

## 杜伯的鬼魂

周宣王四十六年秋，周宣王姬静大合诸侯，纵车游猎于圃田大泽，猎车百乘，从者数千人，旌旗漫山遍野。日中时分，田猎告一段落，诸队各自回营。一辆轻车由后追及宣王的八骏御车，来者白马素车，车中人身裹红衣，头戴朱冠，手握赤红的长弓。两车遥遥相错，红衣人弯弓怒射，鲜红的利箭射入宣王心脏穿透脊骨。宣王脊骨折断，大叫一声，倒在车中伏身箭囊毙命。

《墨子·明鬼》篇详细记载了这则故事，强调说，“当是之时，周人从者莫不见，远者莫不闻，著在周之《春秋》”。

这事假不了，在场人都能证明。那么，射杀宣王之人是谁？

杜伯！

《国语》如是记载：“杜伯射王于鄗（镐），是皆明神之志者也。”杜伯射杀周王于镐京，这是神的意志。为什么说是神明的旨意，因为当时杜伯已经死去三年。

死人不可复生，射杀宣王的杜伯只能是鬼神。

三年前宣王杀杜伯，杜伯临死时发下毒誓，“吾君杀我而我无罪，假若死者无灵则罢了，若死者有灵，不出三年必使吾君知晓”。后人常说，死后化成厉鬼也不会放过你，典故出自杜伯。

前有死者誓言，后有弯弓复仇，周宣王真如众人所见被杜伯射杀？

当然不可能。那么猎杀宣王的人是谁，又是谁假扮杜伯，为何当时之人认定是杜伯所为？

上文说，宣王杀伯御平定鲁国内乱的同时，斩杀了邾国的君主夷父颜，废掉夷父颜儿子夏父的继承权，改立夷父颜的弟弟叔术为国君。夷父颜的妻子颜夫人，美貌有国色，放出狠话，谁能报夫君之仇，以身相许。“有能为我杀杀颜者，吾为其妻。”

杀夷父颜的人是谁？当然是周宣王，也可理解为亲自操刀杀夷父颜的人。话撂在这儿，活儿被叔术接手。春秋公羊传中载：“叔术为之杀杀颜者，而以为妻。”颜夫人的仇叔术报了，而后娶嫂子为妻。

叔术精心策划杜伯鬼魂射王的刺杀大戏，抱得美人归，同时也报了杀兄之仇。了无牵挂的叔术在宣王死后便将君位还给侄子夏父，浪迹江湖，与颜夫人逍遥快活去了。

既是密谋，人们为何认定是叔术干的？因为假扮杜伯之人著红衣，拈朱弓，射赤箭，一切指向邾国。

叔术留此破绽难道不怕天子报复，这又是一桩离奇的公案。有人说，刺客逃逸，周人苦无证据，编造杜伯鬼魂射王的故事，故意透露刺客著朱衣以影射邾子弑君。也有人认为，这场刺杀周天子的大戏未必出自叔术之手，只是有人假借杜伯之魂、颜夫人的言语实施计划嫁祸二人罢了。由此可见，诸侯已经难以忍受宣王的霸道蛮横，盼望他死的人大有人在。

西周王室有两大威胁，一明一暗。明面上的敌人在外部，东夷、西戎、北狄、南蛮，暗里的敌人却是诸侯。随着诸侯的强大，矛盾愈演愈烈，前有国人暴动，后有伯御抗命，背后浮动众诸侯的影子。

直教人生死相许的不是情，是权力。周公用礼制衡着人们的欲望，率先打破周礼的却是周天子。天子们追逐更大的权力与财富的同时，开启诸侯们的欲望。

姬静死前依然大合诸侯狩猎圃田，借车马之盛、军威之壮、威慑诸侯，却死于匹夫箭下。乌云笼罩镐京，山崩地裂，更大的阴谋接踵而来。

第三章

# 烽火戏诸侯的谎言

烽火戏诸侯的故事几乎家喻户晓，周幽王为博美人一笑，害得国破家亡，身死美人离，化为千古笑谈，成为周王室的罪人。千百年来荒淫无道的昏君莫过于此。也有人为幽王感叹，君王的寂寞有谁知？倾其所能让心爱之人快乐，岂不是男人为爱情应做之事。

烽火戏诸侯！有人讽其可笑，有人怒其不争，有人哀其不幸，有人赞其多情。然而，事实果真如此吗？钱穆先生的《国史大纲》对这则记载于《史记》、流传千古的史实提出质疑，“此委巷小人之谈，诸侯不能见烽同至，至而闻无寇，亦必休兵信宿而去，此有何可笑？举烽传警，乃汉人备匈奴事耳。骊山之役，由幽王举兵讨申，更不需举烽”。

谎言。钱穆先生一语道破烽火戏诸侯的本质。那么，当时的人们为何编造出如此迷人荒谬的故事，一代又一代的人们又为何不假思索地流传下来。

《权力的游戏》中有句台词：“你知道王国是什么吗？它是伊耿之敌的一千把剑，是一个我们同意彼此讲述，反反复复，直到遗忘其谎言本质的故事。戳穿谎言，我们还剩什么呢？”

或许周幽王死前理解这个道理，又或许至死不悟，但他是谎言的受害者。

## 幽王其人

周幽王姬宫涅，西周第十二任君主，周宣王姬静之子，母亲姜后。姬宫涅无疑是幸运儿，那个以血统论富贵的年代，出身最高贵，血统最纯正，天的儿子，尘世间的王，大周王朝的继承人。周朝，尤其西周，不同于后世的年代，王的职业比较稳定。姬宫涅登上大周王朝天子宝座时周朝已历十一世二百六十四年，除了周昭王南征不返死得不明不白之外，其余十个王都得到善终，包括不许国人说闲话的周厉王。君位传承秩序井然，只有周孝王以弟弟的身份继承王位，死后依然物归原主将江山奉还侄子。

周幽王生年不详。干宝的《搜神记》记载他出生于周宣王三十三年，即公元前 795 年。幽王于公元前 781 年继位，时年 15 岁。这个说法仅供参考，《搜神记》毕竟是一部记载神仙鬼怪精灵的志怪小说。宣王登上王位三十三年才生下嫡子吗？不管怎么说，这是唯一的记载。

幽王出生并不顺利，《太平御览》说王后怀胎未满十月而生。如今的人们能用科学的观念解释早产，那时只能占卜。商代凡事都占卜，周朝逢大事占卜。商代占卜有巫师，周朝占卜有太卜、太史。占卜结论一致，男婴身体有缺陷国家无碍，身体完好无损则国家会灭亡。占卜会得出许多荒谬的论断，比如这次，身体健康是灾祸。不过细思也有一定的道理，坏人身体健康长命百岁的确不是什么好事儿。

婴儿身体完好，宣王准备弃婴。大夫仲山甫说话了：“天子年长未有男嗣，本身就是上天遗弃大周，您把孩子扔掉又有何益！”

仲山甫的一句话，使幽王活下来，怪事却接连不断。“周宣王三十三年，幽王生，是岁，马化为狐。”大人物出生多伴有祥瑞，也算华夏文明的春秋笔法，马化为狐实在不能算好兆头。若说此系虚无缥缈，那姬宫涅登上周天子宝座，上天送的礼物更是惊人。

《史记》记载："幽王二年，西周三川皆震。"镐京附近的渭水、泾水和洛水地区发生地震。这还不算完，"是岁也，三川竭，岐山崩"。就在这一年，三条河的水流枯竭，岐山崩塌。岐山地处周原，凤鸣西岐，周朝的发祥地，这可是不祥之兆。

有人会奇怪，地震、干旱、断流均为自然现象，与政治何干？

这便是中国传统文化的魅力所在。

中国传统文化有天人感应之说，天与人同气相通，相互感应，天能影响人事、预示灾祥，人的行为也能感应上天。

《尚书·洪范》中载："曰肃，时雨若；曰乂，时旸若；曰晰，时燠若；曰谋，时寒若；曰圣，时风若。曰狂，恒雨若；曰僭，恒旸若；曰豫，恒燠若；曰急，恒寒若；曰蒙，恒风若。曰王省惟岁，卿士惟月，师尹为日。"

这段话晦涩难懂，并非古人卖弄学识，实在因为那时文字书写困难，纸张没有发明之前人们只能把字刻在青铜器或竹简上。字越少越好，内容表达越精练越好。若写篇文章像今人这般长篇大论，伐光一座山的竹子怕也不够用。

翻译过来则非常好懂，也易于理解：

"君王严肃恭敬，则雨顺；天下治理得好，则天气晴朗；君王办事明智，则气候温和；君王深谋远虑，则寒冷应时而至；君王圣明达理，则风调。君王狂妄傲慢，则久雨不停；君王办事错乱，则久旱不雨；君王贪图享乐，则炎热不退；君王严酷急躁，则寒冬持久；君王昏庸愚昧，则狂风不止。君王有了过失会影响一年；卿士有了过失会影响一个月；一般官员有了过失会影响一天。"

也就是说，人的行动与天象有关。当朝君主与官员的施政态度如何会影响到大自然的气候变化。春秋时盛行占星术，依据天体的运行推测人事的吉凶祸福与天人感应的学说有关。

有科学依据吗？

应该说没有。起码现代科学无法证明这一切有关联，但是两千七百多年前的人们相信。

狂风暴雨炎夏寒冬意味着国家政策失当，那么地震预示着什么？三川乃大周王朝的发祥地，岐山大地震又预示着什么？

谁能解释这一切？

太史！

周朝的太史有如神一般的存在，譬如后来成功预言田氏代齐的不知名的周太史，预测秦统一天下的太史儋，写出五千言《道德经》的老子。

## 伯阳父的预言

太史伯阳父，《国语》记作伯阳父，《史记》记作伯阳甫，同一个人。

伯阳父站出来说："周将亡。"

伯阳父抛出阴阳地震亡国论！

伯阳父说，天地之气不能错失自己的次序，如果错乱了应有的位置，由天地生养的民众则会大乱。

"阳伏而不能出，阴迫而不能蒸，于是有地震。"意思是，阳气潜伏于下不能出来，阴气压迫阳气不能蒸腾，所以有了地震。按照这个理论，地震导致地壳的运动，而不是地壳运动造成地震。现代科学关于地震也有此类的争论，不管正确与否，它代表人类试图解释地震现象的一种努力，比占卜进步得多。

接下来才是重点。农耕时代依靠饮水灌溉，地震引起河流堵塞，老百姓没有水如何生活？伯阳父认为上天已经抛弃周朝。上天抛弃的国家，存在不会超过十年。

伯阳父说这话十年后西周灭亡，认可他的理论也好，不认可也罢，人家就是这么神。

周王朝的最高统治者怎么看？

姬宫湦的天子宝座没坐稳，第二年发生了三川大地震，运气实属不佳。

周幽王性格叛逆，不相信命运，不相信传统，从以后发生的诸多事可以看得很清楚。他对伯阳父的话一笑置之。《东周列国志》记载了那轻描淡写似的回答："山崩地震，此乃常事，何必告朕。"

《东周列国志》不是史书，是一部历史演义小说，可信度比《三国演义》好，比《史记》《左传》还是差一些，毕竟有小说家的发挥创作。但是，记载幽王对待三川地震的态度上没错。

人，哪怕贵为天子，哪怕拥有世间一切权力，也无法对抗大自然。幽王不在乎地震，不在乎因地震而生活窘迫的国民，只在乎心爱的女人。

当你拥有至高无上的权力，当你拥有数不尽的财富，爱情便成为必不可少的奢侈品。

生命中总有一个人，当你第一眼看到她（他）时，你已经知道，就是她（他）了。天上掉下的不仅只有一个林妹妹，还有褒姒。

## 褒姒的前世今生

褒姒的故事耳熟能详，《史记》和《国语》记载得清清楚楚。《诗经·小雅·正月》中周人以忧伤悲痛的心情吟出"燎之方扬，宁或灭之？赫赫宗周，褒姒灭之"。

辉煌显赫的宗周王朝灭于褒姒之手，那褒姒定然不是寻常人物，太史公引述了一个荒诞的神话故事将褒姒定义为妖。

夏朝末年，有两条神龙降落在宫廷。

关于神龙的传说，在中国古代历史中屡屡出现。夏代不仅记载有龙，还有专门驯养龙的家族，叫作豢龙氏。夏后帝孔甲曾经拥有雌雄两条龙，因驯养无方死了一条母龙。我们不知远古时代龙的形状，也许像恐龙那般绝种也未可知。

接下来的故事难以置信，因为两条神龙说话了，“我们是褒国的先君”。褒国历史悠久，先民古国，褒国先祖姒姓，大禹的儿子，与夏朝同宗。

当时没有真龙天子之说。夏帝面临三种选择，屠龙，驱龙，捉龙。要么杀掉，要么赶跑，要么关起来。夏朝和商朝均迷信鬼神，相信占卜。那时没什么科学家、博士、智囊，巫师说了算。占卜的结果，三种选择均不吉利，唯有保留神龙的口水大吉。

龙腾空而起，消失在天际，流下的口水被封存于匣中。夏亡匣子传到商朝，再传到周厉王时代，八百年过去了，没人敢动封匣。好奇心害死猫，周厉王打开了。

匣子一开，口水流到庭院化为玄鼋。龙生九子各不相同，《淮南子》中记载，“龙生玄鼋，玄鼋生灵龟”。玄鼋爬入后宫，一个刚到换牙年龄的婢女撞见玄鼋，因而怀孕，一孕五十年，周宣王时生下一个女婴，偷偷扔到河里去了。

当时流传“山桑弓箕木袋，灭亡周国的祸害”的童谣。桑木弓、箕草箭袋成了大周的违禁品，违者严惩。不想有一对夫妻正巧在集市上叫卖弓、袋，士兵来抓，他们在逃跑路上听到河畔婴儿夜啼，同病相怜，带着一起逃到褒国。这个弃婴就是褒姒。

故事有趣吗？有趣！荒诞吗？荒诞！这可是载入史册的。我们后人大可不必指责太史公不辨真伪一概录入，二十四史中奇谈怪异可谓比比皆是，什么玄鸟生商，巨人脚印，凤鸣岐山，赤帝斩白帝，神光照于室，梦日入怀，异香赤光……诸如此类实在不胜枚举。不同的是褒姒乃大反派，故世人将其描绘为玄鼋之后，妖孽也。

我们细读，纵然古人将褒姒描述为一个卑贱的婢女所生，但有一点无可隐藏，褒姒血统高贵，夏代帝族之裔，神龙所出，大禹的后人，上古八姓之一。

说到姓氏名字，褒姒不是姓名，仅为女子代称。华夏礼仪之邦不是说说而已，讲究很多，在古代中国，尤其西周和春秋战国，名字也是一门学问。

## 女子称姓不称氏

西周春秋时代，男子称氏不称姓，女子称姓不称氏。

褒姒、文姜、棠姜、文嬴、骊姬、南子、声子、戴妫、息妫、伯姬、仲子……女子姓在名后，她们后面那个字都是姓。

女人把姓亮出来是为了婚姻大事。“姓所以别婚姻”周人讲究同姓不通婚。同姓不婚的原因很多，诸如遗传基因、伦理道德、政治需要、禁同姓争斗等。

褒姒既然姓姒，那么名叫褒吗？文姜既然姓姜，那么名叫文吗？

当然不是。

那个时代女人的名字除父母及丈夫外，外人不可直呼。周代婚姻有六礼，第二项叫作“问名”。外人不可能知道女子的名字、出生年月日，故而要问。

外人打招呼怎么办？只能用尊称或代称。以上女子的名字皆如此。

褒姒，褒国姒姓女子。姓前加国名。骊姬、齐姜、蔡姬皆如此。

文姜，谥号为文的姜姓女子。姓前加谥号，这是死后的称呼。别看文姜私生活放纵，兄妹乱伦害死夫君，但人家死后美谥，儿子庄公在文姜辅助之下鲁国大治。声子也是谥号代称。

文嬴，丈夫谥号为文的嬴姓女子，晋文公的妻子。

棠姜，棠氏的姜姓女子。姓前加丈夫的氏。息妫、江芈都是这种。

孟子、伯姬、仲子，这是最普通的代称，按排行来的，姓之前加排行。古人兄弟姐妹之间的排行按其大小分别是伯（孟）、仲、叔、季。伯，老大。孟也是长兄，不同的是伯是嫡长子，孟是庶长子。仲，老二，孔子字仲尼，一看就是老二。叔，小的，最小的叫季。女子也这么排。孟子，此孟子非彼孟子，《左传》开篇第一个女人，鲁惠公的元妃孟子。伯姬、仲子，还有哭长城的那位孟姜。

还有一些叫法，不管哪一种称呼，女子称姓是不变的，不会称氏。

## 褒姒入宫

褒姒如何得以进宫，《国语》讲了一个有趣的故事：褒国国君褒姁有牢狱之灾，于是，将褒姒献给周幽王。《史记》亦如此记载，意思差不多，“褒人有罪，请入童妾所弃女子于王以赎罪”。特意写道，“弃女子出于褒，是为褒姒”。弃女子指前文所说宫婢怀孕五十载生下来丢弃掉的妖孽。

褒姒可能出自平民吗？

可能性极小。

周王室讲究宗法，同姓不婚，所娶女子皆来自外姓，作为笼络诸侯的手段，褒姒不可能是山野女子。前文的故事也说了，龙乃褒国先祖，也就是说故事编得尽管荒诞，也没否认褒姒高贵的姓，只是间接质疑了她的公族血统，称她是褒国君主找来的义女。

情不知所起，一往而深。

周幽王见到褒姒的那一刻，认定了她。

褒姒不是涉世未深的女孩，襁褓之中亲生父母不见踪迹，与卖弓箭的养父母颠沛流离，辗转逃亡于江湖之间，来到褒地。受尽千般磨难，阅尽人间疾苦，褒国公子洪德找到她时，心已沧桑。

眉清目秀，唇红齿白，发挽乌云，指排削玉，有如花似玉之容，倾城倾国之貌，原也不假，但若像《东周列国志》所塑造的只是光艳照人的邻家绝色美女，却不尽然。穷人家的孩子当家早，身为小商贩的养父母不可能将褒姒养于深闺之中。我更相信褒姒是《饥饿游戏》中那个性格孤僻冷傲、箭术出众的燃烧的女孩嘲笑鸟少女凯特尼斯。伐申之战的骊山之役褒姒随军出征，陷于犬戎军中而不知所踪，给我们提供了一窥绝世美女的些许端倪。

于千万人中遇见对的人，周幽王对褒姒的宠爱无以复加，只可惜玉人不笑。幽王想尽万般方法难见美人一笑。专席之宠，鸣钟击鼓，品竹弹丝，歌舞进觞，难让玉人展颜。褒姒的冷艳指数直超不食人间烟火的小龙女。

若她涉世未深，享尽人间繁华，怎能无动于衷？

若她清纯天真，受尽万般宠爱，怎能冷若冰霜？

哀莫大于心死。我们不知褒姒经历过怎样的故事，她的心已死。《东周列国志》居然说褒姒喜裂缯之声，幽王为之撕裂百匹彩缯。此典故出自晋朝皇甫谧的《帝王世纪》，很可惜，喜听裂缯之声的女主不是褒姒，而是夏代的妺喜，张冠李戴。

真正爱上一个人，会为之失去理智。不顾三川地震带来的巨大危机，周幽王废掉申王后改立褒姒为后，太子宜臼逃亡到申国。《东周列国志》绘声绘色地讲了一个宫斗的故事。太子宜臼为替母亲出气，亲自动手打了褒姒一顿。褒姒自然不甘心受辱，哭诉于君王之前。幽王大怒，将太子宜臼赶往母家申国去了，不久，改立褒姒所生之子伯服为太子。

废后废太子西周列王都未干过。嫡长子继承制是周礼重要的一条宗法制度，这条规矩不仅西周在遵守，中国历史历朝历代皇室都在尽力遵守，可见周礼影响之深远。

废立王后与太子引发巨大的政治风波。申侯感觉受到了莫大的羞辱，暗地联络犬戎和缯国，图谋发难。

申后母家的申国是留在西境的西申还是迁徙到南阳的南申历来有所争议，从申国盟友来看，我倾向于南申之说。缯国在今河南方城一带，与南阳的南申国比邻而居，更容易联合。

前文提到过，这三家之所以能联合起来，还有共同经济利益带来的亲密关系。犬戎有西北的玉石，申国有黄金青铜珠宝，缯国有丝绸，中国最古老的丝绸之路。

西申之说也不难理解，南申与西申原本同宗同源，西申国不可能置身事外。

三国结盟，山雨欲来风满楼。

### 故事与真相

周幽王立伯服为太子之后下令废太子宜臼返回镐京，宜臼不想回，申侯不放行。幽王大怒，十年春天于太室山会盟诸侯，向诸侯公布申侯的罪行，九月金秋，亲率王师讨伐申国。

申侯不甘示弱，与缯国、犬戎联兵对抗王师。双方大战于骊山脚下，这场战争记入《史记》，叫作烽火戏诸侯。

《史记》中载，因为之前幽王为讨褒姒一笑，举烽火会诸侯，大喊狼来了。各地诸侯驾车纵马赶往骊山脚下，满面征尘，盔歪甲斜，大汗淋漓，褒姒不禁莞尔一笑。一笑百媚生，幽王满足，诸侯生气了。

故而这次再举烽烟，诸侯不来。幽王与太子伯服战败被杀，美人褒姒被犬戎掳走。

这则故事不该载入《史记》，应该编入《格林童话》，要么收入《一千零一夜》，必然是一个寓意深远的好故事。

且不说烽火台乃汉代所设，且不说杀气弥漫的诸侯军队有何可笑，且不说一个经历世态炎凉与沧桑从无笑意的冷艳王后不至于笑点如此之低，单说诸侯勤王的时间就对不上。

西周没有常备军，宗周的西六师也是闲时务农的平民，那时的军队主力装备是战车。一辆战车需要四匹马，轻便的战车也要两匹马。我们以邻近镐京的诸侯国还原一下当时的场景。

烽烟起。人们望见烽烟去公侯宫里报信，层层报到诸侯那里，诸侯下令征召军队。一辆战车有一个御者，一个弓手，一个持戈武士，五十名步兵及多名勤杂人员。

御者、弓手、持戈武士都是贵族、大夫或士，有自己的土地和庄园，他们不可能看到烽烟就集合，大一统的汉代防备匈奴的常备军可能做到，西周做不到，天子管不着诸侯的封臣，只能由各地诸侯召集。

传令兵挨个庄园城堡召集封臣。封臣都是大家族的一把手，来前要召开家族会议安排走后事宜，再召集自家的士兵。士兵们都是平民，平民要么种地要么打猎，找到他们需要时间。不忙完人家也不会来。武器装备自个儿准备。花木兰从军时，东市买骏马，西市买鞍鞯，南市买辔头，北市买长鞭。花木兰的南北朝时代与西周相隔一千多年，商品经济要发达得多。西周自给自足，很多东西需要亲自动手制作。

兵马未动，粮草先行，要准备粮食，谷物要舂成米。离镐京最近的诸侯国也要一百里，走一百里最少花一夜的时间舂米，何况打仗不是一两天的事儿，这都需要时间。

马要吃草，人要吃饭，诸侯要召集家臣开会安排国中事务，然后才敢走。这些事情处理下来，没个十天八天完不成。路上还需要时间，那时的道路和如今不同，没有四通八达的交通网，路也不够硬。别说大雨，蒙蒙细雨便要玩泥巴。北魏孝文帝南征，大臣们因为不愿意走路才同意迁都。那时没有骑兵部队，军队一天能走二三十里就不错了。诸侯从各自封国到骊山，没有三五天也到不了。

幽王和褒姒点起烽烟，然后，等啊等啊等，望眼欲穿，诸侯不来，褒姒怕是要睡上十几天觉才能见到诸侯的军队。我想她不会笑，非但不会笑，怕是有一种等人的烦躁与恼怒。

既然这是一则谎言，那么谎言由何而来。无风不起浪，空穴不来风。谎言既然能载入史册，那就说明这是一则大家彼此都同意讲述，反反复复，直到谎言成为故事流传下来。

烽火不知举没举起，诸侯没有来却是事实。死于骊山之役的公卿只有两个人，虢石父和郑伯友。虢石父身为执政卿士，虢国势必跟随。虢石父力战而死。大司徒郑伯友的事后面说，他的封臣和部下提前搬家，走了一多半，实力大减，也战死了。除此之外，骊山之战不见其他的诸侯国君。

这是一场王师与叛军之间的战争，王师大败，天子遭弑，卿士与司徒双双阵亡，镐京失守，遭到犬戎的洗劫。为掩盖罪行，申、缯、犬戎联军放火焚烧镐京，当时中国最大最繁华的都市毁于战火。

多年之后，东周一位大夫出差路过旧都，行走在荒凉的小路上，满目所见，遍地禾苗庄稼。昔日恢宏的城阙宫室、繁华的都市街巷尽皆化为一片片葱绿的海洋。西周二百多年的盛世繁华不在，只落下眼前一片郁郁葱葱的绿野。东周大夫满怀忧思，仰问上天，吟下千古名篇：

彼黍离离，彼稷之苗。行迈靡靡，中心摇摇。

知我者，谓我心忧。不知我者，谓我何求。
悠悠苍天，此何人哉？

彼黍离离，彼稷之穗。行迈靡靡，中心如醉。
知我者，谓我心忧。不知我者，谓我何求。
悠悠苍天，此何人哉？

彼黍离离，彼稷之实。行迈靡靡，中心如噎。
知我者，谓我心忧。不知我者，谓我何求。
悠悠苍天，此何人哉？

——《诗经·王风·黍离》

悠悠苍天，此何人哉？他指的是谁，是谁毁了西周的基业？

周幽王、褒姒、太子宜臼、申侯、犬戎还是列国诸侯？

《诗经·小雅·正月》给出答案："赫赫宗周，褒姒灭之。"

世人皆叹红颜祸水，中国传统文化中总喜欢将过错推给女人，夏桀的妹喜、纣王的妲己、幽王的褒姒，命运何其相似。殊不知红颜本无罪，若没了多情的心，何来祸水的红颜。一国之君若被女人带坏只能说明他不配做国君，能力有限。然而天子不是选的，是天生的，故而天子不能有错，有错的只能是女人。

"死生契阔，与子成说。执子之手，与子偕老。"一个个美丽的爱情故事，一场场生离死别的悲情，在中国历史这个荒诞的导演下演化为一幕幕红颜祸水的闹剧。

可笑的是，《东周列国志》居然将申侯美化为驱逐犬戎的功臣，与列国诸侯里应外合赶跑犬戎，倒是《史记》如实记载，"犬戎尽取周赂而去"。人家犬戎高高兴兴地拿着周人赠送的财物走了，包括冷艳的王后褒姒。

聪明人早已察觉到大周国潜伏的这场危机。司徒郑伯友预见到这场席卷宗周大地的风暴，举国搬迁，提前转移了财富。他的子孙凭借先人的智慧不仅躲过一场灾难而且成就了春秋初期的霸业。

第四章

# 郑桓公的远见

明者远见于未萌，智者避危于无形；祸因多藏于隐微，而发于人之所忽。

——司马相如

## 郑伯友其人

郑伯友的称呼很多，本名姬友，因是周厉王姬胡的小儿子，未做诸侯之前人呼王子友。兄长周宣王姬静登基后将他封在郑地，郑国由此建立，此郑地非彼郑地，并不是春秋时代的郑国，在今陕西华县东，靠近镐京。郑国乃伯爵之国，人们又称为郑伯友。相比于齐、晋、鲁、卫、秦、楚等存在两百余年的国家，郑国实力不强，底蕴不足，但是，郑国却成为春秋时代第一位争霸列国的诸侯，原因就在于这位开创郑国的郑伯友身上。

幽王八年（公元前 774 年），郑伯友担任西周王朝的司徒。

在这里，我们看一下西周王朝的官制。

《周礼》载，周有六官，天官、地官、春官、夏官、秋官、冬官，也称六卿，即天官冢宰、地官司徒、春官宗伯、夏官司马、秋官司寇和冬官司空。冢宰相当于宰相，统率百官，辅佐天子。司徒管土地人口和教育，宗伯管王族事务、礼乐祭祀，司马管军事，司寇管刑法，司空管公共工程。

周成王时代还有三公。所谓三公，即太师、太傅、太保。三公是协助成王治理天下的股肱重臣。成王年幼，当时三公权力很高，从某种意义上说凌驾于天子之上，因为他们担负着指导和教育天子的责任。正因如此，后世天子们逐渐淡化削弱三公的权力，逐渐使三公流于形式，真正管事的还是六卿。

司徒不仅管理籍田等土地之事，有时还兼管军事和占卜，权力很大。

这样一位周王朝位高权重的高级官员却大发感慨，做出惊人的决定，逃跑！

"王室多难，我到哪里才能躲避灾难呢？"

周幽王不肯相信天人感应，不相信天道示警，不代表别人不信，太史伯阳父信，郑伯友也信。

与其说郑伯友相信深奥幽远不可测的阴阳理论，倒不如说更愿意相信现实的观察。郑伯友身为六卿之一的司徒，深知周王朝的弊端。

周朝是一个诸侯联邦的国家，由上百个邦国构成，最高宪法周礼，周天子在周礼的指导下统领诸邦，没有权力任命邦国的国君，更没有权力任命诸侯的官员，也没有权力征诸侯国的税。周天子真正拥有权力的地方只有宗周与成周，今天的关中地区和洛阳地区。说白了，所谓周王朝，只是大一号的诸侯国而已。

常年战争导致人口凋零，这也是宣王料民太原的原因。天子之国变弱，相应地，诸侯变强。

更重要的是西周末年，周王室对外战争接连失败，边患极为严重，为了抵御西北边患，周王室将许多东夷部落调过来以给予封地的形式布置在边患严重的区域，甚至封到丰、镐地区。

地震天灾，民怨沸腾，最高统治者幽王不思进取，宠爱美人，违背周礼，祸事不远，所以他要逃。

郑伯友逃不可能像寻常人那样，背包一背，坐上马车走人，或者带上几十口家人一起走。郑伯友有整整一国的人要走，必须事先给郑国规划出相当大的一片土地来。

往哪里搬呢？

郑伯友咨询太史伯阳父。

## 西周版隆中对

郑伯友与太史伯阳父有一夕长谈，可谓西周版隆中对，勾画了东周国际战略大棋局。伯阳父是中国历史上第一位地缘政治战略的研究者。

《国语》详细记载了这次谈话，这次谈话改变了列国的政治格局，精准预测了东周列国地缘政治的发展形势。

郑伯友开门见山地问道："三川地震，歧山崩塌，王室多灾多难，我恐怕祸及自身，去哪里才能逃脱一死？"

西周时代地广人稀，诸侯国经常迁徙，有如逐水草而居的游牧民族，不同的是，农耕民族追逐肥沃的耕地。

伯阳父一听便知晓郑伯友想迁国，连当今王叔都在考虑离开宗周，叹了口气说，"王室衰微，戎、狄必然昌盛，不可靠近它们"。周人称呼四周的野蛮人为西戎、北狄、东夷、南蛮，伯阳父直接否决掉西方和北方，这是以宗周镐京为中心所说的。西方、北方不能去，来看一下东方：

"成周洛邑之南有楚蛮、申、吕、应、邓、陈、蔡、随、唐九国；北面有卫、燕、狄、鲜虞、潞、洛、泉、徐、蒲九国；西面有虞、虢、晋、隗、霍、杨、魏、芮八国；东面有齐、鲁、曹、宋、滕、薛、邹、莒八国。这些国家若非周王的同姓分支、母弟甥舅之类的亲戚之国，就是蛮、夷、戎、狄之类的野蛮人。王室宗亲之国不能兼并，野蛮人的部落过于凶残。”

东方的东南西北也不能去，只剩下中心地带。洛水以东，济水以西，颍水以北，黄河以南，这一片地方属于中原。之所以到这里，是因为这一地带都是子男等级的小国，小国容易征服。

郑伯友沉吟道：“有两个大国。”

伯阳父说：“对，虢国和郐国。虢、郐两国国君凭仗地势险要，骄奢怠慢，贪财图利。您是国之司徒，寄存财物到他们那里，他们断不敢不答应。待到王室衰落，又会生出异心。那时您率成周之师，奉辞伐罪，何愁二邑不克。若攻克两国，则邬、弊、补、舟、依、历、华等八邑都是您的国土。前有华邑，后有黄河，右倚洛水，左带济水，取食溱、洧一带的良田，遵循礼法守卫这片土地，谁能奈何您。”

郑伯友并不满意。中原处四方之中，为四方联系的枢纽，四战之地，得来或许轻松，守起来却是不易。于是，郑伯友提出自己的想法，“南方不可乎？”

去南方？太史伯阳父嘿嘿一笑，南方固然广阔，但那里有天启之民。

楚人！

时至今日，楚人成为华夏民族的重要一员无可争议。楚虽三户，亡秦必楚。开创大汉朝的刘邦是楚人，湘军挽大清国狂澜于既倒，民国由楚地兴起，新中国的创始人也是楚人。但在西周末年楚国刚刚兴起，尚不及一个大的诸侯国。太史伯阳父对楚人下了定语，“天之所启，十世不替”。上天开导的民族，十代不会衰落，其子孙必开疆拓土。西周的太史承自商代的巫师，通天地鬼神之人，巫卜有其神秘的力量。太史伯阳父对此解释说，楚人是祝融的后代，天明地德，光照四海。祝融即重黎，高辛氏的火正。祝融是火神的代名词，楚人，火神的后裔。

太史伯阳父侃侃而谈，“成天地之大功者，子孙没有不显耀的。虞幕辩风，夏禹治水，商契和五教，周弃种五谷，他们的后代都是王公侯伯。祝融显天地光明，也是成大功的，后人却在周朝没落，唯有楚地的芈姓自强不息。周室衰落，楚人必定兴起。姜姓、嬴姓、芈姓，将与诸姬交替称雄。故而，楚人不可近”。

郑伯友不敢质疑伯阳父的预言，又道：“谢西九州如何？”

谢在今南阳，谢西九州即今之南阳盆地，汉水流域。郑伯友的眼光还是不错的，东汉光武帝龙兴之地，东西伸展，南北交汇。西可入汉中，西北可进关中，南可达两湖，东可进中原。

太史伯阳父不认可，说那里的民众贪婪残忍，难以教化，不能接近。谢地之北郑地之南的土地可以去，这块地方还是虢国和郐国的领地。太史伯阳父和虢、郐两国较上劲儿了。

郑伯友心有不甘地问道：“周朝真的会衰败吗？”如果还有一线生机，他也用不着费劲儿搬家。

“差不多。”太史伯阳父抛出一条重要的理论，和谐同一论。“和谐化育万物，同一难以为继。五行构成百物，四肢护卫身体，五味令人口爽，六律悦人耳目，七窍服务于内心。与之不同的是同一，味道贫乏无滋无味，声音单调不堪入耳，色彩单一没有文采，事物同一无法比较。”

“当今天子只喜欢听奉承的好话，听不进逆耳之言。抛弃和谐之法，专喜同一，上天剥夺了他的圣明，想不衰败，可能吗？”

“天子任命喜欢逢迎拍马的虢石父为卿士，固执己见废立王后与太子，得罪申国。如今申国风头正劲，西戎、缯国与申国交好。若天子讨伐申国，两国必然来救。天子愤怒，虢公只会顺从上意，这场灾祸不可避免。您还是快点走吧，再晚怕来不及。”

郑伯友又问道："周室衰落，诸姬谁能兴起？"

"武王灭商承继了文王的功德，文王的福祚耗尽，再兴起只能是武王的子孙。武王之子，应侯、韩侯国祚已断，恐怕会是晋国吧。晋国地势险要，所接壤的均是小国，大有可为。"

郑伯友说出最后一个疑问："你说姜姓和嬴姓诸侯兴起，会是谁？"

太史伯阳父回答说："齐侯和秦仲是姜姓、嬴姓中的俊杰，齐、秦如今势力很大，或许是他们吧。"

太史伯阳父身在西周，看破春秋三百年。周室衰落，楚国、秦国、齐国、晋国相继兴起，伯阳父成功预测了春秋五霸中的四霸，造就了小霸的郑国。

郑伯友最终听从伯阳父的建议，将郑国迁往东方，世子掘突率部族家眷东进，带重礼献给虢、郐两国之君，两国君主贪图贿赂，又忌惮郑伯友在周王室的权势威望，各自献地安顿郑人。掘突选择了一个叫京的地方建起城邑，叫作京城（今天河南荥阳一带），郑人据此发展壮大。这一事件被称作虢郐寄孥。郑伯友死后，谥号为桓，是为郑桓公，故又叫作桓公寄孥。

历史按照太史伯阳父的预言一步步发展。周幽王的王师果然与申、缯、犬戎三国大战，兵败被杀，镐京毁坏。

镐京没法待了。《竹书纪年》载申侯、鲁侯、许男、郑子立原太子宜臼于申国，史称平王。与申侯有杀父之仇的虢石父的儿子虢公翰不服弑父夺位的周平王，与遭受犬戎抢掠的畿内诸侯另立王子余臣于携地，是为携惠王。携王乃周幽王的弟弟。西周进入二王并立的时代。

## 周平王的无奈

勾结外臣与犬戎弑父夺位。大逆不道四个字恐怕要伴随周平王一生一世。对周平王来说，父亲幽王必须是个昏君才能让他心安，没有什么比烽火戏诸侯更能表现幽王的昏聩与荒诞。只有他一个人说话不足以令人相信，要让诸侯站在他这一边儿，何况携地还有另外一个天子。

王畿内的诸侯跟随幽王征战，属于敌对方，故而支持虢公翰拥立的携王余臣。平王只能寻求畿外诸侯的支持，拥立平王登基的申侯、缯侯、许男都是关外诸侯。犬戎走了，单凭申、缯两国的实力无法与虢国为首的畿内诸侯较量，周平王将眼光投向实力强悍的老版强国卫国、晋国，以及新兴的秦国和郑国。

“瞻彼淇奥，绿竹猗猗。有匪君子，如切如磋，如琢如磨。”据说《诗经・卫风・淇奥》中的君子指的就是这位年逾八十、德高望重的卫武公姬和。宗周战乱，卫武公不顾老迈年高亲自乘战车率卫军赶来。周平王请卫武公做卿士，赐封公爵。周朝分封以来，只有宋国是公爵之国，齐、鲁、晋均为侯爵之国。为了让卫国站在他这一边，周平王给了卫武公好大的面子。

晋文侯姬仇不是一个图面子的人，他出生时父亲晋穆侯率晋军随王师伐条戎，没想到联军惨败，晋穆侯深以为耻，给儿子取名为仇，以示不忘兵败之耻。晋文侯伴着耻辱与仇恨长大。晋穆侯去世后弟弟殇叔篡位当上国君，身为太子的姬仇只好离境逃亡，四年后卷土重来，袭杀殇叔，夺回君位。姬仇的志向在于光大晋国。周平王投其所好，赠姬仇彤弓一张，彤矢一百，卢弓一张，卢矢一百，骏马四匹。赠弓箭骏马做什么？杀敌啊。至于杀谁，不言而喻，周携王。报酬：河内的土地。

秦人最好拉拢。当时秦人的首领，正是后世秦人尊称的秦襄公，有人称为赵开，当时只是西垂大夫，连个子爵都没混上。秦人的梦想有两个，一个击败西戎报先君之仇，另一个成为列国诸侯。周平王统统满足，封赵开为伯，位列诸侯，将岐山以西的土地赐予秦人，言外之意显而易见，赶走西戎，土地就是你的。西戎、犬戎本是周平王的盟友。周平王背弃盟友选择了秦人，毕竟犬戎是周人的世仇。秦襄公实现了历代先人的夙愿，自然全力拥护平王。

为笼络郑国，周平王费尽心思，郑伯友死于军中是他们杀的。平王给予战死的郑伯友美谥“桓”，世人称为郑桓公。桓公儿子掘突继承父职依然为司徒，又将周天子祭祀泰山时的汤沐邑祊田赐给郑国，接着给掘突定了一门亲事，女方是申侯的女儿武姜。武姜是代称，姜为姓，武指的是掘突的谥号。这是一门贵族间的政治婚姻，裙带将周平王的王庭、申国和郑国紧紧联在一起。

巨大的利益面前郑武公掘突显示出超过其年龄的政治成熟，并未因与申侯不共戴天的杀父之仇而拒绝亲事。郑国刚刚迁往中原，百废待兴，急需周天子和诸侯的支持。郑武公选择站在强者一边。

得到申、缯、卫、晋、郑、秦、鲁、许等诸侯国支持的周平王做出一个令人震惊的决定，不再重建镐京，迁都成周，定鼎洛邑。

镐京残破可以重建，然而周平王的支持者都在关外，秦国在西垂，畿内诸侯大多支持周携王，与其留在不可测的险境不如去安全所在。周携王留给晋国和秦国收拾好了。

公元前770年，晋文侯姬仇、卫武公姬和、郑武公掘突、秦襄公赵开各率本国战车甲士护卫周平王浩浩荡荡地东入成周，东周自此开始。武王灭商建都镐京历十二任天子近三百年的西周王朝落下帷幕。假若周携王能再撑得久一些，中国会出现一段东西二周的历史，然而仅仅二十一年后，晋文侯驾驭周平王所赐的四骏战车攻入携地，用彤弓射杀携王，给西周王朝画上最后的句号。

与此同时，野心勃勃的郑武公不满足寄居他人的土地，利用天子卿士的身份，反客为主，向邻近的国家宣战。

## 郑武公的狡诈

新建的郑国只有一座城邑，京城。周围有大大小小许多诸侯国，其中有两个大国，东虢和郐国。只要灭掉两国就能实现太史伯阳父替郑桓公设计的既定战略。

周平王四年，郑武公向东虢国下手了。东虢势力强大，都城制邑险要难攻，制邑即《三国演义》十八路诸侯讨董卓三英战吕布的虎牢关。强攻拿不下来，只能智取。攻其无备，出其不意。

制邑在洛邑附近，天子的眼皮底下，谁敢动刀枪。东虢的国君虢叔怎么也想不到郑人会侵占他的国都，而且还是在平王视察之时。

周平王迁都洛邑后视察附近的诸侯国，这一日来到虢国，虢叔率领手下的封臣大夫陪同天子视察，就在此时郑武公偷偷率郑军出发，一举拿下空虚的制邑。

太气人了。虢叔发起反击，失去雄关保护，兵败被杀。周平王对郑武公无可奈何，所谓周之东迁，晋郑焉依。失去宗周的周平王在东方这片土地上能依靠的只有晋国和郑国，得罪郑国如何生存，此时宗周的携王还没死。周平王只好将残余的虢人封在黄河之北的夏阳，今山西平陆县，是为北虢。

一招得手，继续来。

郑武公的野心和狡诈尽人皆知。虢叔用自己的生命告诉周边的国家，小心郑国。大家对郑国有了防备，无数双眼睛盯着，不可能再让郑国轻易偷袭得手，尤其郐国，十分警惕，严防死守。

郑武公一点都不着急，打听出郐国的豪杰、良臣、辩智、果敢之士，将名字列出名单，城外设祭坛对天盟誓，许愿灭郐国之后加官晋爵，分封良田美宅，而后将盟书与名单埋藏于祭坛之下，郑重地洒上鸡血与猪血，以示绝不背盟。

既然是豪杰、良臣怎么肯背叛郐国，对天盟誓不过是单相思。

这一切不是为郐国豪杰、良臣做的，而是给郐国国君看的。郐国的密探将名单与盟书找出来，郐君大怒，依照名单逐一拿人，郐国大乱。郑军又一次轻松攻入郐国都城，灭了郐国。

好一招借刀杀人。

借谁的刀？

郐国国君的刀。

杀谁的人？

郐国国君的人。

计策之所以成为计策，在于别人想得到你想不到。郐国国君的愚昧和对封臣的不信任成为郑武公施计的着力点。此事载入《韩非子·内储说下》用来警告君主不要为人所用。《韩非子》记载的是郑桓公，鉴于郑桓公死于幽王之难，故而此事应为郑武公所为。

韩非子还讲过郑武公另一件事儿，那件事儿更加残忍。郑武公拿下虢国与郐国之后踌躇满志，询问封臣大夫们说，接下来朝哪个方向扩张，可以讨伐谁？

大夫关其思应声答道，“胡国可伐”。理由简单，胡国离郑国最近。

郑武公勃然大怒，“难道你不知胡国与我乃兄弟之邦，君言伐胡，是何用意！”

原来胡国与郑国是姻亲，郑武公的妹妹嫁给胡国的君主。

郑武公杀掉大夫关其思。这是一件不得了的大事，《竹书纪年》特意做了记录。西周春秋时代，刑不上大夫，卿大夫虽为臣子，但拥有封邑和封邑内的军队，国君不会轻易诛杀卿大夫。郑武公为一句话违背礼制不顾后果地杀害封臣大夫，让胡国国君喜出望外，看来误会大舅哥了，人家对咱多好，寡人还防备人家，于是撤去守兵，种田打猎捕鱼，该干吗干吗去。万万想不到，郑国战车滚滚而来，胡国亡了。

胡国国君到死也没明白，这是怎么回事儿啊。

韩非子之所以将这则故事载入《说难》，就是想告诉大家，说服别人有多困难。关其思说得对不对，对。是不是国君心中所想，是。结果被杀，比窦娥还冤。

韩非子一再强调，说服别人一定先了解他人的真实心理，而且不要泄露别人的秘密。

经过郑武公的巧取豪夺，不断扩张，郑国国力蒸蒸日上。除了军事扩张之外，郑国的商业发展更加迅速。利用居天下之中的地理优势，从郑桓公开始推行重商主义，郑国的贵族与商人订立契约，公平交易，不强买强卖，你富有，我不眼红。京城的规模迅速扩大，城墙超过规定的“百雉”（三百丈）。郑武公将都城从京城迁到郐国的故都，取名新郑。此时，寄居人下的郑国拥有三座大城市，新郑、京城和虢国的都城制邑。

郑武公吞并东虢国、郐国和胡国，横扫八邑，实现太史伯阳父替郑桓公谋划的迁国大计。至此，郑国周围不再是弱国，北有晋卫、南有楚宋，东有齐鲁，西有周王室。周王室东迁，丢弃丰镐大片沃土，实力大减，无力做礼制表率，更无力维系旧有秩序。夷狄交相入侵，诸侯国离心离德，乱世即将开启，凛冬来临，郑庄公应运而生。

第五章

# 郑庄公的两张面孔

世人评价郑庄公有截然不同的两种观点，或热烈地崇拜，或广泛地鄙视。《左传》称其为遵守礼制的正人君子。南宋理学家吕祖谦则认为郑庄公收拾弟弟的行为属于钓鱼执法。黄震则咬定郑庄公箭射天子，为春秋初第一罪人。明代刘伯温称其灭绝人道。清人高士奇说他是玩弄阴谋诡计的枭雄。到底哪一张面孔才是真正的郑庄公，只能仁者见仁，智者见智。

## 养祸纵敌

郑庄公的母亲武姜，申侯的女儿，故也称之为申姜，都是代称，一个从夫君谥号上来，另一个从国名上来。这场联姻让郑国彻底站在周平王一边。郑庄公是武姜的长子，母子连心，按理说应深得母亲喜爱，不凑巧出生那天赶上难产，故取名“寤生”。也有人说不是难产，是睡梦中生子。不管何种说法，反正武姜受到惊吓，故而不喜欢这个孩子。三年后，武姜又生了一个儿子，取名段。公子段生得玉树临风，一表人才。

《诗经·郑风》有诗《叔于田》描述了公子段的英武俊秀：

叔于田，巷无居人。岂无居人？不如叔也。洵美且仁。

叔于狩，巷无饮酒。岂无饮酒？不如叔也。洵美且好。

叔适野，巷无服马。岂无服马？不如叔也。洵美且武。

叔指的就是公子段。诗中说公子段去打猎，里巷无人，人们放弃饮酒骑马等娱乐，万人空巷追星，追公子段这个俊美仁慈英勇聪秀的大明星去了。

切不可小瞧《诗经》的感召力，那时没有网络、影视，连小说都没有，诗歌乃人们传唱的一种工具。孔子说，不读诗无以言。不读诗经不会说话，指的是上流圈子，贵族们之间见面不读几句诗出来就是没文化。

如此大受欢迎的玉人谁人不喜，武姜爱如掌上明珠，越喜欢公子段就越嫌弃寤生，对夫君郑武公说，段儿如此优秀，何不立为世子！

郑武公嘴巴撇得老高，“忘记幽王故事了嘛，还是你想做褒姒”。

镐京之乱近在眼前，起因周幽王废立太子，武姜的父亲申侯为废太子外甥起兵造反，郑武公的父亲桓公死于乱军之中，这一幕武公永远不会忘却。

武姜不敢再提，却心有不甘，郑武公临死前旧事重提。深受病痛折磨的郑武公脑子不糊涂，断然拒绝。

公元前744年，寤生即位，是为郑庄公，时年十四岁。

武姜把大儿子叫到跟前说，你如今做了国君，该给弟弟换个大些的封地。

庄公想，君父活着的时候母亲怎么不说呀，明明欺负我小嘛，嘴上却应道，是。

武姜见大儿子答应挺痛快，顺势说，把制地给你弟弟吧。

庄公摇摇头，制，岩邑也，从前虢国的都城，虢叔死在那里，不吉利，别的地方都行。

武姜等着这句话呢，那就京城！

庄公有些傻眼。京城，郑国从前的都城，比如今的国都新郑还要大，还要繁华。

武姜见儿子犹豫不决，立刻满脸不悦道，怎么，不同意？

面对母亲的步步紧逼，拒绝了一次，第二次不好意思再拒绝。于是，庄公点头，京城成了公子段的封地，人称京城太叔。

母子第一场对决，庄公败下阵来。制地，后世的虎牢关，地势险要，武公在世时说过不许分封，武姜的目标本来就是繁华的京城，经济好、收入多，况且还有郑国先祖的宗庙。

大夫祭仲不同意，“都城过百雉，国之害”。雉，古代计算城墙面积的单位。长三丈、高一丈为一雉。百雉，长三百丈，大约是如今的一千米。周朝制度，诸侯国都不能超过三百丈。封邑更小，大的封邑不能超过国都的三分之一，中等的不超过五分之一，小的不能超过九分之一。由此可见，当时的城是多么的小，与其说是城市，不如说是城堡。

祭仲说，京城的规模超过百雉，不合制度，您会受不了的。

周朝之所以有此规定，乃天子防范诸侯坐大，诸侯防范封臣坐大的政策，故而封地要一级比一级小，后世孔子堕三都，原因即在于此。

祭仲何许人？

祭仲，姬姓，祭氏，名足，字仲，其氏因封邑而得。春秋时男子称氏不称姓，故叫作祭仲。

中国的姓氏是这样来的：

上古时代姓不多，所谓上古八姓，后来子孙越来越多，一个家族往往分散为若干部落并散居各处，为了区别，除了保留姓之外再取一个称号作为标志，就是氏。有人以国名为氏，有人以采邑为氏，有人以职官为氏，也有人以居住地为氏。祭仲的先祖乃周公之子，封在祭地，建立祭国，以祭为氏，后来被郑国所灭，祭仲成了郑国的封臣。

祭仲话里有话，您不怕太叔势力坐大造反吗？

庄公一摊手，母亲武姜的主意，我有什么办法，怎么好拒绝。

祭仲忧心忡忡，武姜又如何，母亲又怎样。欲望就像野草，若不及时铲除，滋生蔓延开来便无法控制。人的贪欲不会满足，给得越多企盼越多，上来就给肉吃，以后拿什么喂？

十四岁的庄公说了一句千古名言，“多行不义必自毙”。而后微笑注视着祭仲，“子姑待之！”你等着瞧。

明知太叔的势力会一天天增长，明知偏心的母亲会暗中协助，庄公不怕，谁给他如此的信心？

事情果如祭仲所预料，太叔来到京城只有十一岁，随着年龄日益增长，欲望越来越强，觉得过百雉的京城不大，命令郑国西部和北部的边邑服从自己，势力日益庞大。当然此非一朝一夕之功，也非一年半载，整整花了二十年时间。

大夫公子吕看不下去，对庄公说，“一国不容二君，您到底怎么打算？如果想把郑国交给太叔，我们侍奉太叔。如果不想给，请除掉他，否则民心动摇”。

庄公不以为意，“无须大惊小怪，他会自作自受”。

太叔见庄公哥哥对于自己的扩张不闻不问，胆子更大，将封地扩充到廪延。廪延是黄河渡口，与卫国相邻，从京城到廪延距离遥远。太叔拿走郑国近半壁江山，囤聚粮草，打造战车兵器盔甲，训练士卒，野心昭然若揭。公子吕急了，对庄公说，“不能听之任之，再发展下去他的势力会越来越大”。

庄公悠然道：“对君王不义，对兄长不亲，势力越大，崩溃得越快。”

二十年前庄公就讲这个道理，二十年后依然坚信。在庄公眼里，胜利靠什么？不靠实力，靠周礼。

祭仲和公子吕猜中开头，庄公猜中了结局。

公元前 722 年（庄公二十二年），太叔反了，图谋偷袭新郑，母亲武姜做内应，约定打开城门放太叔的军队入城。

显然，武姜和太叔身边都有庄公的密探，两人的书信往来不是秘密。太叔的军队尚未出发，平叛的大军就已兵临城下。

庄公命公子吕为主帅，率战车二百乘攻打京城。郑国实力不容小觑，当年武王伐纣，周军战车不过三百乘。按古兵法“兵车一乘，甲士三人，步卒七十二人”计算，两百乘，一万五千余人。

今人值得深思的事情发生了，京城包围战异常顺利，城中人主动反水，太叔逃到鄢地，平叛大军继续追击，鄢之战，太叔再败，逃亡共国，从此住在共国，人称共叔段。

太顺利，庄公的军队几乎兵不血刃，就将太叔苦心经营二十年的地盘一扫而光。神奇吧，只因周礼。

今人无法理解这种神奇。春秋封建时代，主君没有多少私兵，不存在常备军，军队由一个个士为单位组成，犹如西方的骑士。封臣大夫士不支持，你就完蛋了，连为你打仗的人都没有。

西方讲骑士精神，东方讲礼义精神。信奉周礼，讲道德，讲秩序。庄公是正统的国君，只要庄公不犯天地不容的大错，没有人会造反，更不会跟着他人造反。

这就是庄公的底气。有此底气，庄公不怕弟弟坐大，由着他闹，等到明目张胆地谋反，证据到手，再鸣鼓击之，光明正大地收拾。

《礼记》讲刑不上大夫，何况国君兄弟。兄友弟恭，哥哥对弟弟友爱，弟弟对哥哥恭敬。若庄公上来打压弟弟，不仅母亲不高兴，世人也会非议。若哥哥对弟弟友爱，而弟弟对哥哥倨傲的话就是凶民，凶民要靠刑罚而不是教育。庄公纵容弟弟不断犯错，而后一劳永逸地解决身边最大的隐患。

后人对此大为不满，《春秋》记载此事曰，郑伯克段于鄢。貌似不持的观点记录郑国发生的一件大事，郑庄公在鄢地击败太叔，其实暗藏贬义。不尊称庄公为公呼为郑伯，讽刺他没有尽到教诲弟弟的责任，直书太叔之名——段，而不称弟，指其未做到弟弟的本分。兄弟相争本不该用克字，克一般用于国与国之间的征战，将太叔抬高到一国之君的地位，依然在贬低庄公。这就是春秋笔法，寓褒贬于曲折的字里行间。

纵然后世许多人不屑庄公所为，可不少人仍然依样画葫芦养祸纵敌，却画成四不像。譬如南北朝时的梁武帝萧衍放纵南逃寿阳的侯景坐大，等待其叛乱后再平叛，结果养虎为患被围台城，造成江南一段兵祸浩劫，原因很简单，秦汉之后人们不再相信周礼，只相信拳头，成者王侯败者寇。

那个崇尚周礼的时代，每个人都需按照礼义精神去行事，庄公没有做错，孝敬母亲、友爱弟弟，尽到一个人子、人兄的职责。投桃报李，武姜应对长子更慈爱，太叔应对兄长更恭敬，而他们却没有尽到人母、人弟的职责，反而将亲人视为敌人，自取败亡，怨不得任何人。

太叔回不了国，庄公又将如何处置母亲呢？

## 掘地见母

武姜的日子不好过，庄公平乱后打发母亲去了城颍，并发誓说："不及黄泉，无相见也。"不久庄公后悔，他发现自己道德上有了污点，不孝。虽然此事是武姜有错在先，但毕竟是自己的亲生母亲。古人不似今人，特别注重名誉，尤其春秋时代的贵族，讲究礼法道义。可誓言发出去，又不能为礼义而违背鬼神。正当庄公左右为难之际，一个叫颍考叔的人递来梯子。

颍考叔，颍谷的封人（护卫边疆的长官），带着礼物来见庄公。春秋讲究礼仪，贵族之间不管地位高低，答拜之礼不可少。人家送礼来了，少不了回礼。庄公设宴款待。席间颍考叔将肉单独包起来放在一边，庄公甚为奇怪，怎么还要打包。颍考叔解释说："小人家中有母亲，家母尝遍小人所孝敬的食物，却未曾吃过主君的赐肉。请允许我带回家。"庄公大受触动，叹息说："你有母亲可以孝敬，我却没有。"颍考叔故作不解道："这话怎么说？"庄公把前因后果讲了一遍，说他现在后悔了。

颍考叔专为此事儿而来，闻言正中下怀，随即将想法和盘托出，"这有何难，不就是见到黄泉嘛。掘地可见黄泉，隧道中相会，鬼神又有何话可说！"

庄公眨巴眨巴眼睛，题还能这般解？

庄公原本的意思是至死不相见，颍考叔偷换概念，巧就巧在庄公后悔了，梯子架得自然得体，顺梯而下，一切迎刃而解。

于是，颍考叔带人在城颖挖了一条隧道，掘土见水，混着黄色泥土的泉水汩汩流淌，庄公与武姜隧中相会。

庄公和武姜分别从两侧步入黄泉隧道，这对积怨三十多年的母子重新相见释怀，庄公开心之余赋诗唱道："大隧之中，其乐也融融！"武姜拉着儿子的手走出隧外，赋诗应和，"大隧之外，其乐也泄泄！"

赋诗抒情，歌以咏志，诗歌在春秋时代不可或缺，贵族子弟从小习学的重要课程"六艺"——礼、乐、射、御、书、数中的乐，体现贵族文化的优雅与风度。诗歌音乐不仅仅是个人的爱好与兴趣，涉及国家大事，所谓礼乐征伐自天子出，与道德规范、军事战争并列。后世齐大夫高厚出使晋国，因所跳舞蹈与诗歌不般配差点儿引发一场战争，足见诗歌音乐舞蹈在春秋时期之重要。

黄泉见母是中国历史上很有名的一个典故，颍考叔成为纯孝的典范，更被以孝治天下的大清国编入《三字经》。它告诉世人一个道理，纵使长辈有千般过错，儿子也要孝敬。这符合礼义精神吗？孔子讲过，“君君，臣臣，父父，子子”。君主要有君主的样子，臣要有臣的样子，父亲要有父亲的样子，儿子要有儿子的样子。孔子说这话给君主留了些情面，孟子说得更直白，“君之视臣如土芥，则臣视君如寇仇”。你不把我当人，我也不会把你当人看。武姜任性偏心，不顾宗法废长立幼，达不到目的就想加害长子，母子恩情已绝，丝毫没有母亲的样子，庄公是没有必要孝敬的。如果一味纵容，只会使其变本加厉，错上加错。黄泉不相见并没有错，掘地见母更显露庄公宽大的襟怀。

逐兄弟，和母亲，庄公顺利地解决了兄弟夺嫡的家事，国事的危机却接踵而来。

### 周郑交质

作为郑国国君，郑庄公的命运与郑国绑在一起，而郑国与周天子绑在一起。周室东迁，晋郑焉依。郑国与宗周畿内诸侯拥戴的携王集团决裂来到中原地区，周天子与郑国相依为命，谁也离不开谁。随着晋文侯诛杀周携王，周天子二王并立的局面结束，郑国的命运变得微妙起来。

郑武公可以不择手段地搞事情，吞并东虢国、郐国和胡国，横扫八邑，周天子不会有一点意见。周平王希望郑国强大，保护自己，如今不需要了。以南虢国为首的反对势力改旗易帜，平王的天子位稳了，所谓狡兔死，走狗烹。反倒看强大的郑国不顺眼。郑庄公起初没有意识到这一点，还和父亲一样，我行我素，不把自己当外人，频繁地调动王师。

郑国兄弟内乱时，太叔派儿子公孙滑去联络卫国，作为老牌诸侯国，卫桓公不希望出现一个强大的邻居，于是，派军队帮助公孙滑拿下廪延。郑庄公当然不会任由国土丢失，随即发动反击。卫国乃当时的大国，为确保胜利，庄公挟天子以令诸侯，利用周朝卿士的身份调用了天子之师和虢国的军队进攻卫国南境，并且邀请到邾国、鲁国助拳。挨揍的卫桓公没说什么，周平王姬宜臼不干了。

礼乐征伐自天子出，从来都是天子征调诸侯，岂有诸侯调动王师的道理？而且郑庄公理直气壮地调动了两回，也不给天子打报告。

周天子心里生闷气，有苦说不出。周室东迁，晋郑焉依。姬宜臼有今天，郑国出力不小。当年姬宜臼刚到洛邑，背负弑父夺位的罪名，名不正，言不顺，关中还有一个同为天子的周携王。支持的诸侯少，观望的诸侯多，晋国离得远，姬宜臼只能依靠郑国，郑国两任国君武公掘突和庄公寤生父子均担任王室的卿士。

卿士权力很大。以前两家就是一家，郑国想干什么，周天子无条件支持，故而郑国君主才得以调动王师。如今形势变了，周平王成为唯一的天子，不受任何人威胁，哪能跟着郑国去得罪诸侯。况且卫国有功于周室，卫桓公的父亲武公也是护送平王东迁的功臣。于是，周平王想削弱郑庄公的权势，借口庄公不常来洛邑，让南虢国国君虢公忌父当代理卿士。

虢公忌父是那位拥立携王的虢公翰的儿子，非常乖巧，特别讨喜，毕竟先人有错在先。

郑庄公勃然大怒，南虢可是支持周携王的，周携王死了转而投靠平王，有什么资格与他并列。庄公登车来到王廷，言辞激烈地讨要说法。

周平王一见郑庄公生气，立马㞞了，坚持说没有这回事儿，都是一些小人妖言惑众，挑拨他们君臣之间的关系，不信问问虢公啊？

郑庄公冷笑，无风不起浪，口说无凭。

周平王被逼急了，干脆，咱们都拿个抵押品出来吧，交换人质。

王子狐去郑国做人质，公子忽到王室做人质，这就是有名的周郑交质。太子泄早死，王子狐是周天子的继承人，分量很重。周室对外当然不会说王子狐做人质去了，说去郑国留学。

诸侯国之间交换人质都很新鲜，王室与诸侯交换人质更是开天辟地头一回，故而有人说这是王室衰落的标志，其实这是礼乐崩坏的前兆，契约信用的丧失。礼义道德不能约束人心，必须用实物、用人的生命做抵押，这种信用更加不保险。

不久平王去世，王子狐归国继位途中哀伤过度死了，太子泄的儿子姬林继承王位，是为周桓王。

桓王姬林年轻气盛，看不惯郑庄公的做派，朝中又有人提议让虢公做卿士。郑庄公很快得到消息，立马给新天子来了个下马威，郑国大夫祭仲带兵到京畿割了温地的麦子。秋天丰收的季节一到，又带人收了成周的谷子。

一个大大的警告，老实点儿，下次就不是割麦收谷这么简单。

史书载：周郑交恶。

郑国和周天子的关系彻底掰了。

郑庄公环顾四邻，突然意识到，自己一个朋友都没有，郑国处于风雨飘摇之际。

## 远交近攻

郑国处境特别尴尬，打开地图，西有周、北有卫、东有宋、南有陈和许国，中原四战之地，郑国处于中原之中。郑国外来户，抢了本地诸侯许多地盘，名声不好，以前有周天子罩着，大家敢怒不敢言，如今周郑交恶，四邻警惕防备，早晚有场恶战。

四邻之中，郑国得罪了三个，周王室、卫国和宋国。郑国得罪宋国，因为公子冯。公子冯乃宋穆公的儿子。宋穆公死了，没有传位给儿子，而是传给侄子与夷。大家很奇怪，为何传侄子。不奇怪，因为这是宋国。宋国乃殷商后裔所建之国。周公平定三监之乱，封纣王兄长微子启于商朝旧都商丘，建立宋国，公爵之国。殷商传统，兄终弟及，商亡三百多年，传统并未完全消失。宋穆公的哥哥宣公死后，立弟弟为君，穆公再回传给侄子，于是，与夷继位，是为殇公。公子冯跑到郑国。郑庄公不满意宋国所为，太野蛮了，不符合周礼，准备帮公子冯夺位，想来人家宋殇公也不会开心。

宋是大国，与宋为敌需想好应对之策，郑庄公玩起远交近攻。

郑庄公实在是地缘战略的高手，准备结交齐鲁，联齐鲁抗卫宋，秦灭六国的把戏四百年前派上用场。结交齐国比较顺利，齐僖公是个有想法的人，双方一拍即合，于石门结盟。郑庄公兴奋之余，快马加鞭，春风得意马蹄疾，上演了一幕速度与激情，一不小心在济水飙翻了车，好在没有人员伤亡，有惊无险。此事载入《春秋左氏传》，史书也喜欢花边新闻。

与鲁国结盟不顺利，鲁隐公和宋殇公私人关系不错，经常见个面、会个盟。为拉近郑鲁两国关系，郑庄公打起祊田的主意。

祊田是郑国的一块飞地，在今天山东费城的东南，离郑国遥远，距鲁国很近。郑国之所以能拥有这块土地，是因为郑国尚在关中之时，郑桓公经常陪周天子前往泰山祭拜。按照惯例，各路诸侯陪天子祭泰山都有一处歇脚的地方，叫作汤沐邑，顾名思义，是洗个澡换件衣服的地方，那时，没有高档的宾馆酒店，长途跋涉，难免风尘仆仆，蓬头垢面对神不恭敬，需要沐浴更衣，干干净净、清清爽爽显得庄重。

白送给鲁国嘛，郑庄公没那么傻，想用鲁国的飞地许田来换。

许田，顾名思义，在许国附近。离鲁国远，离郑国近。许田又是怎么来的。诸侯去朝拜周天子，也要洗干净才行，于是，各个诸侯国在镐京和洛邑附近也都有洗浴的地方，叫作朝宿之邑。

两个地方一换，倒也各自方便，问题是郑国不去祭拜泰山嘛，鲁国不来朝见天子乎？

好久都没来了。这个好久，几十年。

自从周宣王干涉鲁国君位传承引发鲁国内乱之后，历代鲁君再没有朝拜过周天子，周平王勾结诸侯弑父篡位，鲁国更不来。周平王东迁，王室地位一落千丈，也没有祭拜过泰山。周天子不拜泰山，郑国也不拜嘛，郑庄公说了，以后郑国不拜泰山拜周公。这顶大高帽戴得漂漂亮亮，一般人怕是要被砸晕了。

祊易许田，郑庄公一箭双雕，既拉拢鲁国，又让鲁国和周天子彻底断交。朝宿之邑都没了，永远不来朝拜的节奏。

鲁隐公愣没上当，拒绝了。

郑鲁联盟不仅仅得罪周天子，宋国也得罪了，鲁隐公不傻。八年后，郑庄公将祊田划给鲁国时没要许田，可见对郑鲁联盟的看重，这是后话。

郑庄公的第六感很准，担心变为现实，周边诸侯们正谋划讨伐郑国，卫君州吁做了带头儿大哥。

## 五国伐郑

郑国面临东迁以来第一场大战，五个国家打一个，带头儿者，卫君州吁。没了谥号的篡位者，不到一年败亡，故而连个谥号也没有。

州吁，卫庄公之子，卫桓公的弟弟，小妾所生，按周礼立嫡以长的继承法，小妾的儿子不可能继位。但是，州吁宰了哥哥当上国君。州吁比郑国太叔聪明，不依靠贵族士大夫帮忙，贵族讲礼义道德，怎么会跟一个小妾的儿子造反。州吁利用逃亡国外的罪犯成立杀手组织，搞暗杀得手。

州吁在卫桓公继位第二年就被赶到国外去了，卧薪尝胆十五载，一朝咸鱼翻身，这份隐忍狠辣的功夫着实了得，有种我命由我不由天的豪迈。后世看来比那些听天由命无所事事的庶子们强太多。后人是后人，社会环境不一样，道德伦理完全不同，后人讲皇帝轮流做，王侯将相宁有种乎，打土豪分田地，这在当时完全是悖论邪说，可鸣鼓而击之。

州吁是春秋第一个篡位者，更是靠暗杀上台的国君，名不正言不顺，贵族、平民都不认同，州吁便想用战功赫赫来博取国人的认同感。

打谁呢？自然是郑国。卫国干涉郑国内政被郑庄公打着周天子的大旗带着小弟们揍了一顿，搞得卫国人心中不爽。假如州吁反过来再把郑国揍一顿，既能证明自己比哥哥桓公有本事，又能收获民心。

郑国不是好惹的，不曾想到郑庄公和周天子闹翻，郑国人居然敢割天子的麦子，卫国替天子出气，反倒成了替天行道者。纵然如此，单凭卫国的实力也难单挑。

州吁开始联络列国。卫国有两个朋友，陈国和蔡国，恰好陈、蔡两国也是周王室的好臣子，后来周桓王收拾郑国，陈、蔡就是帮手。陈、蔡答应帮忙，可惜国小力微，州吁又联络了两个大国，宋国与鲁国。

宋殇公本来对郑国收留公子冯不满，州吁又添油加醋挑拨，愿奉宋国为盟主，宋殇公答应做伐郑盟主。

轮到鲁隐公表态了。

## 摄政君和三个妈妈的故事

鲁隐公应该好好说一说。春秋第一个年头，隐公元年;《左传》第一则故事，孟子、声子和仲子，隐公两个妈妈和未婚妻的故事，或者说隐公三个妈妈的故事。

若用一个词形容鲁隐公，宽厚仁慈。

鲁隐公不是正宗的鲁国国君，摄政君。读一读隐公妈妈和隐公未婚妻的故事便了解真相。

话说隐公的父亲鲁惠公的嫡夫人孟子死得早，此孟子非彼孟子，不是孟子大师，而是孟子夫人。

上文说过春秋时代记载女人名字的习惯，女子称姓不称氏，女子姓在名后，后面那个字是姓，孟子夫人姓子，叫孟吗？也不叫孟。那个时代直呼他人的名不礼貌，更别说女子。女人的名字除父母及丈夫外，外人不可直呼。周代婚姻有六礼，第二项叫作“问名”。外人不知道女子的名字，故而要问。

外人打招呼怎么办？只能用尊称或代称。孟子的孟即代称，古人兄弟姐妹之间的排行按其大小分别是伯（孟）、仲、叔、季。伯是老大，孟也是老大。孟子即姓子的大姐。

孟子死得早，没有儿子，陪嫁过来的妾声子有儿子。声子这名字怎么解释，子姓，声是谥号，也是代称。声子的儿子叫息，就是隐公。

息长大成人，鲁惠公为儿子娶了一门亲，宋武公的女儿仲子。仲子好解释，子家的二姑娘，也可叫子家的二公子，诸侯的儿子为公子，女儿亦称女公子。

仲子生得很特别，生下来手掌上有“为鲁国夫人”的文字，应该是纹路。

仲子国色天香，《史记》记载仲子之美只用了一个字“好”，鲁惠公一见儿媳，失魂落魄，夺而妻之，直接据为己有。理由蛮充分，仲子生来就该为鲁国夫人嘛，立为夫人，生下儿子允，允立为太子。

未婚妻瞬间变后妈。公子息一句多余的话也没说，不生气不抱怨，认了，且对仲子礼敬有加，没听说有什么越轨的行为。生母声子死后亦按妾的规格埋葬。要么说公子息宽厚仁慈呢！

老夫少妻，难得长久。不久鲁惠公一命呜呼。太子允年纪小，于是鲁国贵族共请息摄政，代理国政。

国葬期发生一件有趣的事儿，鲁惠公死后第二年秋天，周天子才派人来吊丧。按周礼，诸侯薨后五个月下葬，你七个多月才来怎么回事儿，而且周天子的丧礼送了两份，仲子夫人也有份儿，这不盼着人家死嘛。可见周王室与鲁国的关系糟糕得不能再糟糕了。故而，鲁隐公拒绝郑庄公祊易许田实在有些出乎意料，更多是照顾宋国的面子，鲁宋两家世代联姻，生母声子也是宋国公室之女，自己差点成了宋殇公的亲姑夫。既然拒绝了郑鲁联盟，要不要参与卫宋联军呢？隐公把贵族们叫来商议，问了一个问题，“卫州吁其成乎？”

鲁隐公看问题相当犀利，联军的成败不在军力，在州吁。

## 以德和民

鲁隐公清楚，所谓伐郑就是给州吁撑面子，如果州吁能坐稳卫君之位，出兵才有利益，如果州吁最终被人赶下台，出兵有何意义？

州吁到底能不能成功，鲁大夫众仲讲了一个道理，这段话相当深刻，真理越千年而不迷茫。

“臣听说德行使民和谐，没听说用战争的。这就好比整理丝麻，非但不去厘清，反而弄乱了。州吁倚仗武力为人残忍。倚仗武力则会失去民众支持，为人残忍则会失去亲信拥戴。众叛亲离，难以成功。用兵就像玩火，玩火而不知节制终将自焚。州吁弑君，不思致力于美德反而想通过战争取得成功，一定难以免祸。”

隐公同意众仲的看法，认为州吁不会成功，于是，拒绝出兵。宋殇公亲自派使者来催，遭到隐公拒绝。然而，羽父公子翚坚决主张出兵，想必收了州吁的贿赂。春秋时代的诸侯没有常备军，卿大夫犹如西方的领主，各有各的士和军队。公子翚实力强大，再三请求，带着自己麾下的军队去了。

起初四国伐郑，联军包围郑国都城新郑东门，攻了五天而还，史称东门之役。鲁军来了之后五国联军再次出击，击败郑国步兵，割了当地的谷子。

走了走过场，面子挣足，州吁就撤了。郑庄公心明眼亮，相当配合，知道州吁想要什么，君子报仇，十年不晚，何必急在一时。

事后州吁果然被卫人算计，石碏大义灭亲，杀了儿子石厚，骗杀州吁，拥立公子晋继位，是为卫宣公。

群龙无首，郑庄公开始反攻报东门之耻，采取各个击破的战术，先是出兵伐卫，击败卫和南燕的联军，接着联合邾国出兵攻宋，而后偷袭陈国，迫使陈国联姻。隐公八年，郑庄公主动将祊田划给鲁国。鲁隐公爽快地收下祊田却未给郑国许田，鲁宋联盟出现裂痕，最终，鲁隐公找借口与宋国断交。同年齐僖公出面调停郑与卫、宋两国的恩怨，三国修好。

修好，可能吗？这只不过是郑庄公麻痹宋、卫两国的把戏，郑、齐、鲁三国正式结盟之后，联军杀入宋国，教训了宋国一顿。

此时郑庄公踌躇满志，环顾四邻，卫、宋、陈都打服了，只剩下一个许国。伐许之役箭在弦上，暗箭伤人的故事由此开始。

## 伐子都

伐子都，著名的一出戏，有京剧、话剧，还有昆曲，很有影响力。故事之所以被搬上舞台，是因为它展现了人外在的美与内在的恶。

伐子都，准确讲应为“罚子都。”

子都，即公孙子都，姬姓，名阏，字子都。公孙和公子一样都是尊称。春秋时期各国诸侯不论爵位大小，多尊称为公。诸侯嫡长子，呼为太子，其他的儿子便称为公子，公子的儿子则称公孙，后来演变为姓氏。

公孙子都生得美貌英俊，公认古代十大美男之一。《诗经》为证，《国风·郑风》载：

山有扶苏，隰有荷华。不见子都，乃见狂且。

此诗出自少女之口，调笑与她约会的男子：山上有茂盛的扶苏，池塘有美艳的荷花。没见到子都的美男子啊，偏遇见你这个小狂徒。

诗中以子都代指美男如意郎，足见子都的英俊帅气，连后世孟子大师都说，“至于子都，天下莫不知其姣也。不知子都之姣者，无目者也”。

这样一位公认的国民老公要遭受惩罚，因为美貌的外表下隐藏着一颗嫉妒、邪恶的心。

郑庄公伐许国，为壮军威，制了一面巨大的军旗，叫作蝥弧，而后在太庙武库分配战车时发生争执。

谁能获得最先进的那辆战车呢？

郑庄公说，谁能挥动蝥弧，这辆战车归谁。

颍考叔应声而出，我能。舞动蝥弧，健步如飞。

公孙子都也站出来了，有什么了不起，我也行啊。

两人都能舞动大旗，战车归谁？

颍考叔反应敏捷，一个箭步将车辕辘捞在手里，双足发力，跑了。

没有车辕辘，战车开不走，公孙子都抄起长戟追赶，从太庙追到大路没追上。没办法，战车归颍考叔。一辆战车埋下了不和的种子。

郑、齐、鲁三国联军伐许，许庄公龟缩都城不出。大军围许，发起攻城战。颍考叔手持蝥弧，一跃登城。大家会觉得颍考叔好厉害，轻功了得，能跳到城上去。其实春秋初年的城墙没有我们想象的高度。前文说过，都城过百雉，国之害。长三丈、高一丈为一雉。也就是说，城墙高一丈，春秋战国的丈比现在小，大约 2 米多。学者考证过战国时鲁国的城墙，大约高 4.5 米，春秋初年的城墙更低。人类跳高纪录 2 米多，撑竿跳 5 米多，天赋好的人 2 米多的城墙能跳上去。

春秋初年的战争大多搞堂堂之阵，摆开架式，车对车，兵对兵，输了认输，不杀战俘，更没有屠城之说，故而很少有攻坚战，大家并不怎么重视城池防御。

颍考叔登城，大旗一插，威风凛凛，不想中了一箭，不是许国人射的，自家人射的，后背中箭，就是那个漂亮的美男子公孙子都干的缺德事儿，嫉妒心作怪。

郑军最终打下许都，秋后算账，惩罚背后射暗箭的小人。郑庄公的做法很奇葩，搞了一个盛大的诅咒仪式，一堆猪狗鸡摆在颍考叔灵前，大家一起诅咒射死自己人的坏蛋，不得好死，天打五雷轰，出门撞树上，乘船掉水里，如何如何，这般这般。

有用吗？今人看应该没啥用，这不搞笑嘛。但在那个信奉鬼神的时代，受到诅咒的人必然会受良心煎熬。千夫所指，无疾而终，说的就是这个道理。

郑庄公摆明包庇公孙子都，没进行调查，调查了又怎么样，毕竟子都是公孙，公族子弟，大贵族，而颍考叔只不过是刚刚提拔起来的小贵族。在那个刑不上大夫的时代，贵族们更多要受礼制惩罚，良心谴责。人没良心，鬼神也没办法。

这就是罚子都。

后人的戏剧上，野史上，说颍考叔化为厉鬼讨债，暗箭伤人的大帅哥子都精神失常，忏悔之后吐血而亡，这都是人们美好的愿景，反正史书上没有记载。

罚子都，世人对郑庄公评论是负面的，说他错用政令与刑罚，政令用来治理人民，刑罚用来纠正邪恶。对邪恶的行为用诅咒，有什么用！

春秋初年，人们还是遵守礼法、看重良知的。郑庄公对占领地许国的处置便符合当时的规矩。

## 戒饬守臣

戒饬守臣，顾名思义，告诫守臣。守臣并非后世所谓镇守一方的地方长官，而是诸侯对天子，大夫对诸侯的自称，大约如同西方中世纪的封臣。

这里的守臣指许地的守臣公孙获。

许庄公跑了，许国打下来了，郑、齐、鲁三个国家共同打下来的。现在要分赃，齐僖公率先表态，许国应该给鲁国。咦？齐僖公挺有意思，这次出兵征伐许国，郑国挑头，主力，而且许国与郑国接壤，怎么也该给郑国。言外之意不想给郑国。

鲁隐公的回答很有意思，“君侯说许国对天子不恭敬，故而寡人才跟随君侯前来讨伐。如今许国已经认罪，虽然君侯好意让我管理许国，寡人弗敢与闻”。鲁隐公最后这句话说得很重，几乎可以说是半威胁的语气，弗敢与闻，别说占领许国，听都不敢听。

鲁隐公的话表面上是说给齐僖公听的，实则是说给郑庄公听的，因为齐僖公表态不要了。郑庄公枭雄也，怎么会听不出人家话里的意思。

诸侯国均为周天子所封，谁也没有权力兼并，吞并他国，违背周礼，违背世间的道德，许国虽是男爵之国，但不同于那些星星点点的邦国，地盘不算小，影响力够大，许文公曾经参与过周室东迁的大计。

三国讨伐许国，以许国不听王命为借口，齐鲁两国一寸土地都没要，遵礼守法，郑国能全吃嘛，不可能，但让郑庄公吐出到嘴的肥肉，怕也不易。郑庄公想了一个折中的办法，叫来许庄公的弟弟许叔和大夫百里，语重心长、痛心疾首地说："上天降祸于许国，鬼神也不满意许君，所以借寡人的手来惩罚他。"原本是郑庄公要攻打许国在他嘴里变成上天鬼神惩罚，然后继续说，"寡人连兄弟都不能和睦，任其漂泊于四方，有什么德行将讨伐许国的功劳据为己有，上天又怎么可能让我长久地占有许国。"这话说得谦恭，我不配拥有许国，不配就还给人家吧。庄公话锋一转，"寡人可以派公孙获来帮助您治理许国。"

意思很明白，一分为二，郑许共治。许君管东面，公孙获管西面。郑庄公提出条件，"有朝一日寡人得以善终，上天可能又撤回加诸许国的惩罚，让许君再次治理他的同家。到那时，倘若我郑国遭遇麻烦，希望许国也会像对待亲人一样给予郑国帮助。不要让他国逼近这块土地，否则我的子孙挽救危亡还来不及，难道还能替许国敬祭祖先嘛"。抛弃这段话外表美好的外交辞令和华丽的辞藻，谈及的现实冰冷残酷，就是说，有朝一日我死了，子孙们镇压不了你们，许国复国，记得郑国有事一定要帮忙，否则我的子孙会再次灭掉你们。

那时没有郡县制，没有官僚，占领一个地方只能用封建的办法，诸侯将土地分给大夫，许国的一半封给了公孙获。

封臣获得土地，在土地上建宗庙，诸侯五庙、大夫三庙、士一庙，郑庄公不让公孙获建宗庙，财货也不准放在许国，等庄公一死就撤。庄公对此解释说："周室衰微，我们姬姓后人一天天丢弃前人的功业，许国是太岳的后代，上天厌弃周朝，我们作为周的子孙，又怎能和太岳的子孙去争呢？"说白了，万一许国一统天下呢？郑庄公为子孙着想，只是他没想到，替代周朝的不是许国，而是秦国，而秦也未像周朝那般分封诸侯，而是搞了大一统的郡县制。他们这些传承上千年的大贵族们死无葬身之地。

不管怎么说，时人对郑庄公的安排颇为满意，赞其符合礼义精神，《左传》如是称赞：“度德而处之，量力而行之，相时而动，无累后人，可谓知礼也。”

在推崇礼义精神，不讲究弱肉强食的时代，殖民了一个国家，还被世人所推崇，郑庄公做到这个份儿上，不能不称为战略大师。

郑庄公有一点看得真切，周室衰微，姬姓子孙跟着倒霉，郑国很难扛起周室的大旗，只是他未想到郑国衰落得如此之快，他一死内乱产生，许国趁乱而起夺回都城，赶走郑军，在其后的岁月里许国未能坐大，随波逐流，最终为楚国所灭。

伐许之后，郑庄公声势更盛。周天子坐不住了，卧榻之侧岂容他人酣睡。

郑庄公的所作所为着实令周天子恼火。迫不及待地搞祊易许田，直接将周天子赐予的汤沐邑送与鲁国，表明再也不会祭祀泰山。周桓王立即做出反应，不再顾虑郑国，正式任命虢公忌父为卿士，郑庄公随即将仍在成周洛邑做人质的儿子公子忽以娶妻为名召回郑国，周郑交质正式失败。郑庄公毫不收敛，高举天子大旗伐宋、攻许，鲁隐公的死，令周天子与郑庄公的矛盾达到顶点。

## 摄政的悲哀

鲁隐公虽接受了郑国的祊田，却并未拿许田交换。鲁国可以数十年不去朝见周天子，但并非永远不去，一旦将朝宿之邑给了别人，无疑向天下人释放出鲁国将永不朝见的信号。随着鲁隐公遇刺身亡，祊易许田成为现实。

鲁隐公之死颇有戏剧性。

鲁国的实力派公子翚想做太宰，而隐公霸占着摄政的位置。公子翚想了一个邪招，对隐公说：“眼见国君允长大成人，不如将他除掉。”除掉国君，隐公即可名正言顺地当国君。

鲁隐公当即拒绝，语气平淡如水，“君位是允的，只是当初年纪小，我代为摄政罢了，如今国君长大成人，我已经在菟裘盖好别墅准备养老”。

鲁隐公一番大义凛然的话语令公子翚心惊肉跳，你光明磊落，我反成邪恶之徒，若有朝一日国君知道我出过馊主意就麻烦了。于是，一不做二不休，公子翚跑到国君允那里造谣生事，说摄政君想杀了国君自立，必须先下手为强，您不用动手，我替国君办这事儿。

鲁桓公又惊又喜，惊的是哥哥想杀自己，喜的是有人愿帮自己的忙。哥哥是不是真想弑君已经不重要，重要的是自己马上可以亲政。

对于当了十一年傀儡国君的鲁桓公姬允来说，这一刻等得实在太久，若鲁隐公真想奉还大政，他也不在乎一年半载，然而权力的诱惑太大，直教人生死相许，嘴上说着归政的鲁隐公似乎不能让姬允相信。

公子翚精心策划了一起谋杀。

地点：贵族寪氏府第。

之所以选在寪氏之家，因为年轻的鲁隐公曾在一场与郑国的战斗中被俘，囚在尹氏府第。尹氏家中的巫史钟巫见到后很惊讶，说他定能化险为夷，大贵可期。先秦时代巫即神，是与神沟通的人。失魂落魄的鲁隐公万分感激，诚心祭拜。后来鲁隐公归国做了摄政，尹氏来到鲁国。隐公不时去祭拜钟巫的神像，然后在附近的贵族寪氏家中借宿。

刺客潜入寪氏家中刺杀了鲁隐公，公子翚随后率大队人马赶来，兵围寪氏，找了个替罪羊杀了，此事倒也不算天衣无缝，毕竟寪氏觉得冤枉，然而亲政的鲁桓公不愿调查，也就不了了之。

隐公之死影响着鲁国的政治，鲁桓公为寻求国际上的支持，迫切希望与当时风头正劲的郑国搞好关系，祊易许田，旧事重提，祊田归于我鲁国，许田尚未划给郑国，摄政君做得不对，寡人来履行承诺。郑庄公自然高兴，哪有工夫去想隐公之死，许田不同于祊田，泰山可以不祭，天子哪能不朝？为堵悠悠众口，郑庄公又想了一出，不提祊易许田，拿“玉璧”向鲁国借许田。玉象征着纯洁、财富和力量，作为礼器和祭器的玉璧乃先秦时代国之重器，诸侯盟誓持圭壁互换以表信用。

地是借的，有借有还。有朝一日鲁国朝拜天子，郑国就还回去。至于人们信不信，随意。这便是颇有名气的“璧假许田”。继而，鲁桓公与庄公在越地结盟，鲁国彻底登上郑国的战车，而郑国另外一个死对头宋殇公也死了，同样死于政变。

## 红颜祸水

人们总习惯把男人的不作为怪罪到女人头上，夏桀之妹喜、纣之妲己、幽王之褒姒，谓之红颜祸水，又一人被红颜祸水淹死且载入史册，孔子的先祖孔父嘉。

说到孔父嘉，先聊一下春秋人物名字的另一种称呼习惯，即字+名。孔父嘉并不姓孔，子姓，名嘉，字孔父。男子称氏不称姓，姓在平常称呼中不表现出来。同样的习惯，下一个人物孔父嘉的仇敌也是如此，华督，子姓，名督，字华父。久而久之，孔父嘉的后人以孔为氏，华督的后人以华为氏，也有人以督为氏。中国的姓氏就是这样慢慢演化而来。

孔父嘉不是个小人物，他是孔子的祖先。孔父嘉与华督同为宋国的大贵族，皆出自于殷商子姓血脉。宋殇公继位，孔父嘉为托孤重臣。两个同姓大贵族因为一个女人——孔父嘉的妻子而结仇。

孔父嘉的妻子生得漂亮，回头率高，华督就是其中一位。《左传》载：宋华督见孔父之妻于路，目逆而送之，曰："美而艳。"两人擦肩而过，人家妻子走出很远，华督扭头目不转睛一直看，目送佳人远去，叹息道，美艳动人。

名花有主，他人妻，一般人流流口水也就算了，华督有着超强的行动力，密谋夺人妻。

论实力，身为宋国大司马的孔父嘉毫不逊色于太宰华督。论国君的宠信，孔父嘉排在华督之前。那么，想夺孔父嘉的妻子，办法只有一个，杀掉孔父嘉，连国君一起杀。

宋殇公在国内混得不怎么样，继位十年间宋国发生了十一场战争，多是与郑国之间的战争，而且输多赢少，丢了好些个地方，国人疲于奔命。华督开始造谣，说宋郑之间的战争都是孔父嘉唆使的，国人今天的困境都怨孔父嘉。郑宋之战孔父嘉的确参与其中，曾经亲自带过兵。国人相信了，一拥而上找孔父嘉理论，华督借机带领自家的士大夫攻入孔父家中，杀了孔父嘉，抢了他美艳的老婆。

宋殇公不干了，不经寡人同意杀害大臣，那还了得，怒斥华督。华督一不做二不休，宰了宋殇公。

孔父嘉的儿子没死，某个家臣抱着孩子跑到鲁国，几代之后孔子出世。孔子出生时家道没落，但改变不了孔子身体里流淌的贵族血脉，所以孔子才能在鲁国当高官，那个时代仅凭才学不可能当官，更不可能成为贵族。

孔父嘉的妻子改嫁给仇人华督。孔子对女人的态度不算友好，其先祖的经历不可能一点影响没有。虽然《诗经》第一篇歌颂男女爱情，但孔子说过，"唯女子与小人难养也。近之则不逊，远之则怨"。

宋殇公死了，最开心的莫过于郑庄公。华督来郑国迎回公子冯，是为宋庄公。君位得之不顺，宋庄公与华督拼命向周边列国送礼。鲁国与宋国皆唯郑国马首是瞻，令周天子格外不爽，周室东迁以来最大的一场周天子与地方诸侯的战争爆发了。

第六章

# 郑国的衰落

郑国的衰落始于郑庄公死后的四公子争位，祸根在于繻葛之战。繻葛之战规模不大，但影响力足以排进中国历史百战行列，因为这是一场划时代的战争。自武王伐纣，西周建政，平定三监叛乱以来，很少有诸侯国敢于发兵对抗王师。申、缯、犬戎联军大败周幽王于骊山导致西周落幕，周室东迁。郑庄公与周桓王的战争成为周王室最后一战。此战过后，礼乐征伐自天子出的传统消亡，中国历史正式迈进春秋列国争霸的时代。

## 繻葛之战

伐郑，不能算周桓王的一时冲动，这是周王室复兴的机会。平王东迁丧失周人的根据地周原，宗周畿内之地，历史上的关中，八百里秦川，只剩下成周洛邑周边土地，还要受郑国的挤压。拿下郑国，或者肢解郑国，扩大王畿的领地，不失为壮大周王室力量的方法。

周人还有一个选择，西迁，回到故都镐京。

此时关中携王已被晋文侯杀死，西戎也被秦文公赶跑，依照先前与周平王的约定，秦人得到岐山以西的土地，并将岐山以东的土地献给周王室，岐山以东不正是宗周之地嘛。

故都镐京已经收复，但是无论平王和桓王都不想回去，宁可打郑国的主意。原因不难猜测，洛邑繁华，镐京残破，东方经济比西方发达，遗民四散，周王室回去需要重新创业。

一山不容二虎，卧榻之侧岂容他人酣睡，周王室复兴在此一举，郑庄公也不会束手就擒。

公元前707年，周桓王传檄列国，历数郑庄公的罪行，举兵伐郑。

繻葛，今天河南长葛。

秋高气爽，金风掠过一望无垠的原野，周天子的王师浩浩荡荡地出现在葛原，王旗飘荡，战车滚滚，越过原野汹涌而来。青铜交击，骏马嘶鸣。艳阳下，无数戈矛闪烁金光，诸侯、大夫、甲士各自扬起自家的旗帜，右翼浮现出虢国、蔡国、卫国诸侯大夫们的各色旗帜，左翼成为陈国旗帜的汪洋。这些人聚集到周天子麾下，一为先祖对周王室的承诺，二为在这场天子讨伐臣下的战争中分一杯羹。

周天子的王旗越过众旗居中飘扬，正中的周字硕大雄伟而骄傲。大旗之下立于八骏御车之上的周桓王姬林踌躇满志，沉沦六十余年的王师重新聚集起来。周王朝鼎盛之时有西六师、东八师，共十四个师，每个师三千余人，如今凑起三个师都困难。周桓王亲率由王师构成的中军，卿士虢公林父居右，统领蔡国和卫国的军队。左翼由周公黑肩统率，率领陈国军队。周桓王的自信来自道义，他是君，郑庄公为臣，哪有臣打得过君主的道理，他忘记了，六十多年前正是以申国为首的诸侯联军击败了先祖周幽王。

郑庄公不可能退，退则身亡。九十年前的鲁国国君伯御、邾国的武公都是前车之鉴。郑国的盟友一个也没有来，无论齐宋鲁都不会为了郑国对抗周天子。好在郑国的大夫封臣国人们众志成城。郑庄公这些年干得太漂亮，轻易瓦解太叔叛乱，与齐鲁结盟，伐卫破宋攻鲁灭许，大长郑国的威风，封臣们同样收获颇丰，风光无限。分封制有个特点，中世纪的西欧流传一句名言，“我的附庸的附庸不是我的附庸”。或者说，“我的封臣的封臣不是我的封臣”。各级领主只效忠于上级，隔级之间无效忠关系。领主管辖自己的附庸，无权管辖自己附庸的附庸。西周春秋时代也是如此，周天子只能管辖诸侯，并无权力管辖诸侯的大夫和士。同样诸侯只能管辖大夫，不能越过大夫管辖大夫的士。郑国的贵族们只听命于郑庄公并不听命于周天子。

战前会议上，众人纷纷献计献策，敌军三路来，我军两个拳头打出去，分击左右，合围中军。这个战术不难理解，找软柿子捏。卫军、蔡军、陈军都曾是郑军的手下败将，气势上输一头，尤其陈军刚刚经历国中动乱，军心不稳。重拳之下，势必溃败，而后集中力量攻打周天子的中军。为增加攻击效果，大夫原繁和高渠弥又提出鱼丽阵，即步卒队形环绕战车进行疏散配置的阵法，说白了，一群小鱼跟着大鱼，就像如今的步兵跟随坦克进攻一样。从整体配置上看，就是一个倒品字。左右军在前，中军在后，因为主力配在左右，中军薄弱，必须拖在后面。

郑庄公将自己的军队称为“左拒，右拒，中军”。祭足统左拒，曼伯统右拒，庄公率原繁、公子元、高渠弥、祝聃将中军，合计战车三百辆。

郑军出击，两军相遇于葛原。

战旗挥舞，鼓声震天，郑军左右两拒避开王师强大的中军重拳出击，痛击卫、蔡和陈军。郑国战车冲入敌阵，步兵勇猛进击，金戈碰撞，鲜血四溅。战局不出所料，素来畏惧郑人，无意生死相搏的卫、蔡、陈军，摄于郑军强大的攻击力，渐渐支持不住，陈国军队率先崩溃，王师左翼沦陷。紧接着，虢公林父的右军败退，王师右翼又撕开了缺口。郑军左右两拒随即向内切入，与郑国中军形成对王师中军的合围。

这就是战术的力量，如同田忌赛马，避开敌人的主力，用优势兵力对付弱势敌人。王师的中军最强大，战争上半段没有用上力，轮到时却遇到敌人合力打击。

今人看来，这种战术屡见不鲜，再正常不过，但在西周时代却不多见，战争有军礼，讲究正大光明，拼实力，不搞阴谋诡计。郑庄公的鱼丽阵违背了强对强、弱对弱光明正大对决的精神，是根据天子之师的部署做出的战术调整。

王师中军不足以对抗三路郑军攻击，左右军的失利动摇了周人的军心，好在周桓王血气方刚，毫不退缩，手中挥舞王钺奋战不止，周人见天子亲自杀敌，士气有所恢复。郑军大将祝聃远远望见天子大旗，立于八骏御车之上威风凛凛的周天子，瞧个真切，拈弓搭箭，弯弓如满月，箭走似流星，一箭射中周桓王姬林的肩膀。

周天子中箭，第一次体会到战争的残酷，身边的贵族侍卫们急忙保护天子后撤，阵脚一动，兵败如山倒，大势已去。

祝聃得意万分，对郑庄公叫道："主君，天子中我箭，王师败退，可乘胜追击。"

郑庄公瞥了他一眼，神情复杂，说了一句话，"君子不欲多上人，况敢凌天子乎"。君子不能欺人太甚，何况欺凌天子。

又是君子。君子之风，礼义精神，那个时代的道德标准。祝聃做得对吗？今人看来太对了，射人先射马，擒贼先擒王，万马军中取上将人头，干掉敌军的首领，战争就结束了。

看看别人是怎么做的？

后世晋楚鄢陵之战，激战正酣，晋国的大将郤至前后三次遇到楚共王，郤至三次摘去头盔下战车快步避到一边，以示对楚王的恭敬。《左传》载"郤至三遇楚子之卒，见楚子，必下，免胄而趋风"。楚子，楚王。中原各国不认可楚人称王，依旧例称楚君的子爵。

楚共王怎么评价郤至？

君子。

血腥的战争中保持着贵族的优雅与礼仪，对敌国君主的尊重也是一种礼仪，何况周天子。

郑庄公没有追击王师，到了夜晚派祭足去慰问天子及王师，给周桓王姬林及贵族们带了一大堆礼物。

姬林的箭伤并不重，伤在心里，伤在自尊，奇耻大辱，周室东迁以来未有之耻辱。没有办法，撕破脸了，打也打不过，看着祭足远去的背影，姬林知道，周天子的荣耀一去不复返。

周桓王姬林有血气、有理想、有壮志，却缺乏政治手腕，繻葛之战更多败在外交上，齐、鲁、宋等大国均未站在周王室这边，若有大国参战，郑庄公不会胜得这般轻松。

历史无法假设，人生也无后悔药可吃。繻葛之战对后世影响巨大，周王室威信扫地，“礼乐征伐自天子出”的传统逐渐消亡。鱼丽阵破坏了堂堂之阵的古军礼，战争从鸣鼓不相诈开始走向谋略诡计，逐渐露出战争的残酷本质。

周王室威信扫地，不能统御诸侯的最大后果是野蛮民族强势崛起。繻葛之战三年后，南方楚国君主熊通称王挥师北上，北戎南下入侵郑、齐诸国，西戎、南蛮、北狄交相入侵中原，当时之形势，“南夷与北狄交，中国不绝若线”。

## 中国不绝若线

不绝若线，像线一样差点断掉。偌大的中国像一根线，形势多危急不言而喻。这句话出自《公羊传·僖公四年》，赞美齐桓公救中国。中国不绝若线的危局形成于何时？此时也，郑庄公将周天子揍得找不着北的这一天。

野蛮人一瞧，中国群龙无首，赶快进去捞一把。

若说楚国尚在南方兴风作浪，北戎则侵入中原，打到郑国和齐国的家门口。繻葛之战第二年，北戎大举进入齐国。

中国北方不是有燕国嘛，北戎如何越过燕国来到齐地？

春秋时代地广人稀，列国边界并不接壤，国与国之间有大片的荒野、森林，无主之地，给野蛮民族的发展带来了诸多方便，甚至有很多民族、部落生活于列国之间。

北戎强悍，士能弯弓，尽为甲骑，人人皆可为兵。以前周王室强势之时能组织力量对进入中原的野蛮民族进行征讨，如今只能由诸侯自己来解决。

北戎入齐是最大规模的一次野蛮人入侵。北戎前几年进入过郑国被击退，此次入齐，声势浩大，以至于邦国之中尚算强大的齐国君主齐僖公遍撒英雄帖，请列国助拳。

对付野蛮人，诸夏列国尚算齐心，各国大夫纷纷率甲士来到齐国，助齐国守卫边疆，郑齐联盟，郑庄公格外重视，派太子忽、大夫祭仲率大军来援，郑军主动出击，大破北戎，擒戎军首领大小良，砍下三百余名野蛮人勇士的脑袋献给齐国。

诸夏合力击退野蛮人进攻，本来皆大欢喜的一件事让太子忽弄得情绪一下子紧张起来。

各国出军队，齐国出粮食，供应粮食环节出了问题，齐僖公让鲁国负责分发，订分发顺序，先给谁，后给谁。传统保守的鲁国人严格按照各国封君爵位大小顺序排列，如果爵位相同就按册封时间先后，这么算下来，郑国排最后。太子忽不乐意了，大怒，郑国出力最多，功劳最大，为啥排后面？估计吵得很凶，因为四年后因为这事郑、鲁两国还干了一架。

说起太子忽，不能不提到一个典故，齐大非偶。

## 齐大非偶

中国传统文化中的婚姻讲究门当户对，男女双方家庭条件、个人条件相差不多适宜联姻，否则容易引起家族、家庭、夫妻之间的矛盾和摩擦。郑国太子忽是门当户对的坚定拥护者。

早在郑齐结盟之初，齐僖公提议两家联姻，将女儿许配给郑庄公的儿子太子忽。齐僖公的女儿便是后来大名鼎鼎的鲁桓公夫人文姜。

郑庄公十分高兴，不料遭到儿子拒绝。有人非常奇怪，私下问太子忽，为何拒绝来自齐国的姻缘。太子忽说，“每个人都有适合自己的婚姻，齐大，非吾偶”。人们更加奇怪，正因为齐国强大，成为齐国的女婿不是对您的事业更有帮助嘛！太子忽解释说，《诗经》云，自求多福，求自己比求别人更容易得到幸福。事业的成功在于他，不在于外人，齐是大国又能如何。

人们对婚姻的看法并不相同，有人把婚姻看成传宗接代的义务，有人将婚姻当成爱情的结晶，也有人视婚姻为向上爬的梯子。裙带在社会生活中的重要性自不待言，太子忽能保持独立的人格值得称赞，世人也认为太子忽有独立的思想，能为自己的人生谋划。我们或许应该为太子忽感到庆幸，如果太子忽娶了文姜，那么鲁桓公头顶的绿帽子该戴在他的头顶闪闪发绿。

太子忽拒绝齐僖公好意不止一次，援齐抗戎，齐僖公旧事重提，此时太子忽已有正妻，文姜也嫁到鲁国，齐僖公提议将另一个女儿嫁与他。太子忽仍然拒绝，这次找了个理由，说需要征得父亲的同意，大家都是聪明人，此事又不了了之。太子忽给出的理由更加光明正大，怎么能借帮助别人的机会索取好处，事后国人会怎么看他呢。

性格决定人生，性格左右人所做出的决断。齐大非偶，更多体现在太子忽的性格上，从太子忽无法忍受分发食物的先后顺序看得出来，他是骄傲的人，自视甚高，自然无法与一个会俯视他的女子共度一生。然而，这也是太子忽性格中的弱点。不做攀龙附凤之举，身为寻常人的选择无可挑剔，而政治人物却不同。权力的游戏是残酷的，不当赢家，只有死路一条。政治人物必须尽可能地获取天平上的筹码，婚姻最有效最便捷。太子忽后来选择陈侯之女为妻，陈乃弱国，于太子忽毫无帮助。这一点，祭足看得一清二楚，对太子忽说："国君有许多宠姬，有三位公子可能继位，太子没有强大的外援不行啊。"事实确如此，日后太子忽继位，祭足在宋国的压力下废掉他，再次复位又被高渠弥所杀，若有齐国做后援，这些事或许都不会发生。

郑人惋惜太子忽所做的决定，在他迎娶陈侯女儿陈妫之际赋诗一首，此诗载入《诗经·郑风》：

有女同车，颜如舜华。
将翱将翔，佩玉琼琚。
彼美孟姜，洵美且都。

有女同行，颜如舜英。
将翱将翔，佩玉将将。
彼美孟姜，德音不忘。

两段前二句都在夸赞新妇之美，美人同车，颜如木槿花开，佩玉鸣响，夫妇比翼翱翔。两段最后一句赞美的却是另外一个人，论美丽、文雅、品德还是孟姜，齐家长女，就是文姜。郑国人知道文姜比陈妫美丽贤惠品德高尚嘛，未必，但他们明白，最适合太子忽的不是陈妫，而是孟姜。说白了，能帮助郑国的，不是陈国，而是齐国。

群众的眼睛雪亮雪亮的，大戏即将上演。

## 四公子争位

人终有一死。缟葛之战五年后，执政长达四十三年小霸中原的郑庄公死了，太子忽登上国君之位，是为郑昭公。政权交替貌似平静，实则暗流涌动。

郑庄公抗拒王师，以下犯上，做了周礼最不能容忍之事，他的儿子们又怎么会将周礼放在心上。

郑庄公的儿子很多，那时实行一夫一妻多妾制。不要搞错，周礼制定的不是一夫多妻制，一夫多妻存在于周之前。商朝主流社会一夫一妻，贵族搞个一夫多妻也没人管，周朝不同，多妻不行，多妾可以。故而中国传统文化不是一夫多妻制，确切地讲乃一夫一妻多妾制。多妾为了生儿子，为了延续香火，为了家族开枝散叶。

妻和妾之间等级森严，妻者齐也，齐家的意思，家庭内部事务的管理者。妾者奴也，本意就是女奴，侍奉人的角色。二者生出的孩子的地位有天壤之别，《红楼梦》中贾宝玉和贾环基本没有可比性。庶子比西方私生子好听一些，也仅限于好听一些。

周礼乃周公所制，代表周天子与天下诸侯的约定，成为周王朝不是法律的法律。法律的维持靠武力，周礼的维系靠周王室强大的力量。如今周室衰微，周天子被手底下的诸侯揍得无话可说，周礼还要讲吗？有些有野心的实力派就不想遵守，比如郑庄公的庶子们。

郑庄公有十一个儿子，有本事有能力的有四个，太子忽、公子突、公子亹、公子仪。公子突尤为出色，才智出众，其母雍姞深得庄公宠爱。北戎侵扰郑国，正是公子突献诱敌之计击退野蛮人进攻。可惜公子突是庶子，生来与君位无缘。郑庄公了解自己的儿子们，绝非久居人下者，担心曾经发生在自己身上骨肉相残的故事重演，临死前将公子突送去宋国。

宋国是公子突的外家，母亲雍姞的故国，雍氏宗族在宋国相当有实力，乃大家族，与宋庄公关系亲近。宋庄公一眼相中公子突的价值，而公子突也有意夺取君位，两人一拍即合。

公子忽继位，是为郑昭公，派使者出使列国，祭仲来到宋国。

祭仲，郑庄公最信任的谋臣，郑国的卿，实力派。祭仲出使宋国，足以看出郑昭公对弟弟的防备，修好与宋国的关系，观察公子突有无异常举动。他们没有想到，公子突下手更快，早与宋庄公联起手来。

宋庄公将祭仲抓起来，软硬兼施，威逼利诱，逼迫祭仲帮助公子突夺位。

祭仲一开始不答应，后来终于选择屈服。原因大约有三：第一，为了保命，不答应小命难保。第二，公子突做国君有利于郑国，避免宋郑两国战争，又有宋国做外援。第三，也是最重要的一条，祭仲能够掌握郑国的大权。祭仲提出自己的条件，回到郑国一切听他的。宋庄公想的是从郑国获利，哪管郑国由谁说了算；公子突则急于回国当国君，满口应承。三方结盟，对天发誓。

祭仲很给力，回到郑国，联络一帮子大夫贵族们逼迫郑昭公让位。外有强敌，内有家贼，郑昭公心知反抗无望，带着妻子儿女逃往卫国去了。这就是春秋的政治生态，卿大夫们如同西方的领主，各有各的家臣和势力，一旦周礼瓦解，君主对臣下的约束力就没了。春秋换君主如换衣服，好在换归换，尚无臣子替代君主的先例，等级依然深入人心。等到卿大夫能够替代君主，春秋结束，战国开始。

## 九世之仇

话说公子突回国继位，是为郑厉公。宋庄公满心欢喜，派人来索取郑厉公许诺的城邑和财物。轮到郑厉公心疼了，当时是兄长的郑国，许什么无所谓，如今是自己的郑国，割什么都肉疼。于是，与祭仲一商议，送了些财物，城邑无论如何不能给。宋庄公大怒，大家都是君子，讲诚信，发过誓，怎能出尔反尔，你们不怕鬼神降灾吗？

郑国和宋国由此交恶，郑厉公忙拉来齐、鲁来调解，齐僖公不愿参与，虽然郑昭公拒绝过两次联姻美意，毕竟是自己看中的未来女婿，把寡人喜欢的人拉下马，心里怎么也是不爽。

鲁桓公积极卖力，调停了三次，亲自到宋国跑了一趟，又约宋庄公找地方谈了两回。鲁桓公热心肠还是收郑国礼了？都不是。鲁桓公本来对郑昭公有意见，当年因为分粮食的事儿和太子忽吵得不亦乐乎，后来郑鲁两国为此事干了一仗，这种人被换掉正合寡人心意。没想到宋庄公不给面子，惹得鲁桓公不高兴，于是郑鲁两家联兵和宋国干架。令鲁桓公没想到的是，后院起火。齐国趁三家打得正热闹，举兵攻打鲁国的附庸纪国。

齐国和纪国的恩怨由来已久，号称九世之仇。

此话要从姜子牙回到东海说起，东海即今天的山东半岛，这里是东夷的地盘，有两个大的邦国，纪国和莱国。两个国家皆为古国，商代的诸侯国。姜子牙受封齐国，建都营丘，因过于靠近莱国，两国交恶，姜太公返回老家第一仗就是和莱国打的。纪国姜姓，与姜子牙同宗，两国共同对付莱国，起初关系不错，后来齐国渐占上风逐渐强大，引起纪国的猜忌。周夷王时代，纪国国君去镐京朝见周天子状告齐侯不辰，说了许多坏话。周夷王大怒，召集诸侯，将齐侯不辰扔进大鼎里煮了。不辰就是齐哀公。两家从此结怨，齐人念念不忘报仇，一有机会就找纪国的麻烦，纪国则傍上鲁国的大腿，联鲁抗齐，上演三国演义。

趁鲁国与宋国交战，齐僖公又去找纪国麻烦。鲁、纪是盟友，虽然鲁桓公是齐僖公的女婿，却不能坐视不管，鲁桓公从宋国撤军救纪国打老丈人，郑军也跟了来。宋庄公一瞧，这是讨好齐国的机会，带着军队赶来帮忙。这场战争热闹了，加上齐国盟友卫国和南燕国的军队。纪国城下汇集了七国之兵。纪、鲁、郑一方，齐、宋、卫、燕另一方，双方大混战，齐国联军战败。

齐僖公气得吐血而亡，齐、纪两国的仇恨更上一层楼，姜诸儿登上齐侯宝座，是为齐襄公，到齐襄公这一代，齐、纪两国的仇恨传了九代，号称九世之仇。

## 人尽可夫不是贬义词

人尽可夫不是贬义词，是一个中性词汇，人母教导女儿时理性诉说的一个正常不过的人生常识。至于后来的引申、夸张、形容、比喻，那要看一看后世之人说此话时的心境。

人尽可夫出自雍姬的母亲之口，用来教育女儿的话，《左传》记载得清清楚楚："人尽夫也，父一而已，胡可比也？"

起因在于雍姬问了母亲一个问题，"父亲与丈夫哪个重要？"这个问题演变到今天一直有人在问，只不过回答问题者变成老公，"我和你妈同时掉水里，你先救谁？"

雍姬之母回答得干脆利索，人人可做你的丈夫，父亲只有一个，这有可比性吗？按照这个答案，老公可以回答妻子，人人可以做老婆，老妈只有一个，不能比。

后面的问题不过是妻子的撒娇，雍姬的问题关乎生死。雍姬的父亲就是祭仲，春秋女子称姓不称氏，祭仲姬姓，故而女儿姬姓，前面的雍字是老公的氏，姓姬的雍氏媳妇。

雍姬的老公叫雍纠，出自宋国雍氏大族。雍纠如何成了祭仲的女婿？当年祭仲与宋庄公、公子突盟誓夺位，宋庄公提出条件，让祭仲和雍氏联姻，雍氏乃公子突母家，这样三者通过联姻更紧密地联系起来。于是，祭仲的女儿嫁给雍纠。那么雍姬为何要问丈夫与父亲哪个重要？聪明人听得出来，祭仲和雍纠这对翁婿闹翻了，到了不能并立于世间的地步。

雍纠要杀祭仲。

雍纠和祭仲本身没什么仇恨，问题在于郑厉公，登上郑国君位的公子突。

郑厉公发现自己成了傀儡，祭仲把持郑国的一切，架空了他。本来这事是当年说好的，郑厉公为了撵走兄长当国君同意过的条件。然而郑厉公反悔了，找来雍纠商议杀掉祭仲。

雍纠跟随郑厉公从宋国来，和老丈人没什么感情，于情于理，再想想远大前程应该帮国君。雍纠定计借宴请老丈人的机会动手。错就错在和妻子雍姬说了这事儿。雍纠也不想想杀人家爹怎么能让女儿知道。或许雍纠认为，三从本就是女子应守的规矩，未嫁从父，既嫁从夫，夫死从子。你一个泼出去的水只能跟着我，老公发达了，你才发达啊。

雍姬十分纠结，才有此一问。

每个人都会从自身利益的角度考虑问题，雍姬之母当然和老公的利益捆绑在一起，将女儿教训了一番。

雍姬大彻大悟，背叛老公，背叛婚姻，向父亲告密。雍姬说得比较婉转，老公不在家中宴请父亲而在郊外设宴，女儿怀疑其中有诈。

祭仲多聪明的一个人，立马明白其中暗藏的杀机。

雍姬没明说，明说了，祭仲会想，明知老公要杀老爸不赶紧报信，还问哪个人重要，找抽呢！

祭仲将计就计，带兵赴宴，击杀雍纠的伏兵，将女婿杀死在一处池塘边。池塘乃周氏的产业，故《左传》载，尸诸周氏之汪。

消息传进宫中，郑厉公知道事情败露，乘车逃出都城，途经刚刚经历过杀戮的美丽池塘——周氏之汪，载上雍纠的尸体。郑厉公对着冰冷的尸体发出一声叹息，“和女人商议大事，死得活该”。

郑厉公逃往蔡国，郑昭公复位，那位齐大非偶的太子忽。郑昭公复位，使得支持郑国的鲁桓公一百八十度大转弯，与宋庄公联手陈、蔡、卫三国，五国之兵伐郑。虽然郑国取得这场战争的胜利，但付出的代价极其惨重。

郑厉公并未就此沉沦，趁机偷袭栎邑，杀死守卫栎邑的大夫檀伯，檀伯应该不是栎邑本地的大贵族，因为郑厉公利用本地贵族杀死了他。郑厉公获取一处据点，有如毒蛇般窥视新郑，一国二君，有如城门口的蛇。

城门口的蛇也是郑国的一个典故。

郑国人发现国都新郑城门口经常发生蛇斗，城里的蛇与城外的蛇打架，最后城外的蛇咬死城里的蛇。

草木丛生，蛇行鼠窜，昔日繁华的新郑萧条如此了嘛。郑庄公称霸天下的强盛如同昙花，身死花落。四公子争位的故事并未结束，蛇斗仍在继续。这一年，卫惠公朔逃往齐国。我们需将目光离开郑国，转投卫国，品一段贵族的挽歌，卫国的衰落，礼义精神的绝唱，二子乘舟。

第七章

# 卫国悲歌

《诗经》十五国风，邶风、鄘风、卫风三风39篇属于卫国，列诸侯国之最。柏舟、绿衣、燕燕、击鼓、式微、简兮、北风、静女、新台、二子乘舟、相鼠、淇奥、硕人、河广、有狐、木瓜……皆脍炙人口的诗歌，优美的名句层见叠出：

山有榛，隰有苓。云谁之思？西方美人。
手如柔荑，肤如凝脂。巧笑倩兮，美目盼兮。
燕燕于飞，差池其羽。之子于归，远送于野。
瞻彼淇奥，绿竹猗猗。有匪君子，如切如嗟，如琢如磨。
我心匪石，不可转也。我心匪席，不可卷也。
谁谓河广？一苇杭之。谁谓宋远？跂予望之。
死生契阔，与子成说。执子之手，与子偕老。
投我以木瓜，报之以琼琚。
式微，式微，胡不归？

卫地原属殷商旧都，继承了前朝的文化，故而卫国的文化远超列国。武王灭商，起初封纣王之子武庚于殷统领商朝民众，同时派了三个兄弟管叔、蔡叔、霍叔在殷都附近建立邶、鄘、卫三国，监督武庚的一举一动，不承想三监联合武庚叛乱，周公平定三监之乱，四地合而为一，统统划在卫国辖下，卫国捡了个大便宜，成为当时最强大的诸侯国。

卫国的强大体现在文化上，代表着西周最先进的文化，君子之风，礼仪道德，达到前所未有之境界，说前无古人，后无来者也不为过。

## 大义灭亲

卫国君位传到卫桓公，发生了一件大事，弟弟州吁杀了桓公，自立为国君。这是春秋第一起骨肉相残弑君成功的案例，之前郑国太叔想谋反未成功。西周时代等级森严，每个人都有自己的人生，出生时命运已注定，绝不允许做出越格的事儿。

礼法道德即是维护这种制度的武器。

州吁为何敢于做弑君这种大逆不道的事情呢？

父母惯出来的，教育不得当。卫国大夫石碏如是说。

郑国太叔是母亲武姜惯的，公子州吁则是父亲庄公纵容的。

石碏有先见之明，曾对卫庄公说过，爱自己的孩子一定要用教育来约束，让孩子知礼守法，明白什么是对的，什么是错的，不会走上邪路。过于宠爱，孩子就骄傲，骄傲不懂克制，受到压制则会产生怨恨，有怨恨之心而不去报复的人，很少。

州吁聪明英武，喜欢舞刀弄枪，排兵布阵，深得卫庄公欢心，可惜不是嫡子，而是庶子，但让卫庄公不宠爱州吁，办不到。

石碏说，既然如此，那就立州吁为太子。

咦？西周春秋时代太子是天生的，嫡长子，生来就是，怎么可以立庶子？

卫庄公的情况特殊，正妻庄姜没有儿子，陈国的厉妫生了一个儿子早死，陪嫁过来的戴妫生了卫完。州吁的母亲也是妃子。卫完和州吁身份相同，都不是嫡子。

卫庄公为何不立宠爱的州吁为太子呢？因为庄姜死活看不上好勇斗狠的州吁，喜欢文静的卫完，认卫完为儿子。如此一来，卫完则成了嫡子。

庄姜美艳动人。手如柔荑，肤如凝脂。巧笑倩兮，美目盼兮。这首诗便是描绘庄姜之美的。

卫庄公既怕老婆，又宠州吁。石碏一声长叹，卫国的祸乱不远了。

卫庄公死后，卫完即位，是为卫桓公。卫桓公对州吁很是忌惮，继位后将他赶到国外去了，受尽先君宠爱的州吁怎肯受窝囊气，图谋造反。州吁聪明，汲取郑国太叔明夺君位不成功的教训，不依靠卫国的大夫封臣，从流落到国外的卫国人中挑选训练了一帮刺客，偷偷潜回卫都，一举刺杀卫桓公，登上国君之位，然而，卫国人不服。

### 石碏的阴谋

我们会想国人不服有啥用，也不能把国君弄下来。

西周春秋时代国人很牛，国人有枪。西周分封一级一级封下来，诸侯、卿大夫、士，最低级的士都有自个儿的武装，手里有田地，有平民、野人和奴隶种地，大致相当于西方中世纪的骑士，而且不对国君负责，只对自己的顶头上司封君大夫负责。

国人不满意后果很严重，国人暴动连天子都赶跑，何况一个诸侯国君。

州吁最先想到通过提升个人威望让国人满意，于是，发动对郑国的战争。郑庄公因卫国包庇太叔干涉郑国内政带着小弟们揍了卫国一顿，搞得卫国人心中不爽。州吁反过来把郑国揍一顿的话，显得自己比哥哥桓公有本事。东门之役州吁挣足面子，割了郑国的谷子满载而回。但是，国人依旧不买账，不认可。弑君夺位在春秋时普遍，但在州吁之前很少见，卫国自诩礼仪大国，国人丢不起人。

州吁感到不安，向好朋友石厚问计，怎么才能让国人安心奉他为国君。

石厚想不出辙来，回家向父亲石碏讨教。

石碏云淡风轻地坑了儿子一把，说这事儿容易办，朝见天子，获得天子认可，谁还能说啥。

石厚说，好是好，可是周天子不是谁都能见的。言外之意，州吁的君位未必能得到周天子的认可。若吃了周天子的闭门羹，反倒成为笑料，地位更加不稳，偷鸡不成蚀把米。

石碏呵呵一笑，简单，先去陈国，如今周天子最宠信陈侯，请陈侯引见，还怕见不到天子嘛。

石厚回宫向州吁汇报老爷子的主意。州吁大喜，姜还是老的辣。如此棘手的问题一招化解，老爷子妙计安天下。

以州吁之聪明，难道看不出其中有诈？

真不是诈，这件事唯有周天子能解决，除此之外别无他法。嫡长子继承制是周礼，而天子也有册封国君的权力，当年周宣王一句话废掉鲁国嫡长子括的继承人身份，改立少子戏。鲁国虽不满，最终还是认了。如今周天子威望不在，早已不复当年的霸气，但是州吁已经是现成的国君，不用周天子费心思，见一面就成。只要周天子接见州吁，那就等于承认州吁的国君身份，谁敢不服？

州吁和石厚兴冲冲带着厚礼去陈国拜见陈桓公。万没想到陈桓公当众命人将二人拿下，抓了起来。

陈国才是石碏老爷子设下的陷阱，石碏写了一封信给陈桓公，请他帮助捉拿弑君之贼。

陈桓公怎么会对石碏言听计从？人家州吁好歹一国之君，你石碏充其量是个退休老干部，论家族势力，儿子还不听你的话。

石碏算准陈桓公能听他的，第一，州吁杀掉的卫桓公的母亲乃陈国宗室之女，人家杀了你陈国的外甥，能无动于衷吗？第二，州吁弑君夺位违背礼制，干了不该干的事儿，假如大家纷纷效仿，从此贵贱颠倒，社会秩序将瓦解，守卫礼制，贵族有责。第三，这不是石碏一个人的意思，乃绝大多数卫国贵族之意。

陈桓公拿下州吁，并未杀掉，这是卫国内政，应由卫国人自己解决。卫国来人了，右宰丑，右宰官名，丑人名，又是春秋时代的一种称谓，久而久之，很多官名演变成姓氏，像司马、司空等。右宰丑自然是卫国的大贵族，亲自来杀州吁，证明石碏老爷子不是一个人单干。据史书记载，右宰丑利用进献食物吃饭的机会杀了州吁，毒杀抑或刺杀，尽管想象。

石碏的儿子、州吁的小迷弟石厚由老爷子料理，石氏家族的大管家来到陈国，动手杀了石厚。父亲杀掉儿子，历史上著名的“大义灭亲”。

石碏杀子没有争议，一片叫好声，《左传》赞其纯臣。后世对父子亲人之间相互杀害颇有争议，儒家提倡亲亲相隐，孔子说过，“父为子隐，子为父隐，直在其中矣”。父亲有过错，儿子不揭发。儿子有过错，父亲隐瞒。正直在其中。父慈子孝。

石碏大义灭亲因儿子帮州吁弑兄夺位，春秋初年这是了不得的罪恶，放到后世，李世民同样弑兄夺位，却被呼为明君圣主。

只能说，放在那个时代，石碏的大义灭亲，无可挑剔。

州吁死了，卫人迎来卫桓公的弟弟公子晋，是为卫宣公。大色鬼登场，卫国的礼仪精神还能维持多久？

## 新台纳媳

新台有泚，河水浵浵。燕婉之求，籧篨不鲜。

新台有洒，河水浼浼。燕婉之求，籧篨不殄。

鱼网之设，鸿则离之。燕婉之求，得此戚施。

新台，流传于春秋早期的一首诗歌，载入《诗经》，公认讽刺卫宣公之作。诗经中除了庙堂之上的雅、颂等高大上的作品之外大多来自民间的歌谣，经乐师或贵族改编而成。起初并不高深晦涩，更接地气。这首诗歌用民间朴实无华的语言唱出来更加通俗易懂。

新台辉煌，河水洋洋。本想嫁个俊俏郎，不想来了只丑蛤蟆。

新台高峻，河水漫漫。本想嫁个俊俏郎，不想来了只坏蛤蟆。

架起渔网来打鱼，谁知蛤蟆钻进网。只说嫁个俊俏郎，谁知嫁得癞蛤蟆。

诗中描写一个女子憧憬幸福的婚姻，高台辉煌，河水洋洋，燕婉之求，盼望一个安顺美好的美男子做丈夫，现实打脸，嫁了个癞蛤蟆。诗中并未明指癞蛤蟆是何人，卫宣公因何中枪？因新台乃宣公所建，为了娶新妇迎娇娘，这不好事嘛，问题是新娘是儿子的未婚妻。

卫宣公好色。卫宣公好色有些奇葩，不是喜欢父亲的女人就是喜欢儿子的女人，不怎么喜欢同辈女子。父亲庄公死后，卫宣公和父亲的小妾夷姜私通。论辈伦，夷姜是宣公庶母。宣公不在乎，光明正大娶回家来。乱伦！那时不叫乱伦，叫“烝”。烝是一种婚姻形式，儿子继承父亲和兄长的姬妾。合法？非常合法，而且合乎礼法。不仅合法，烝来的妻子属于正妻，所生子乃嫡子。后来慢慢不承认这种婚姻关系，认为乱伦。

宣公做了国君，夷姜为夫人，生有三个儿子，长子叫伋子，自然成为卫国太子。伋子慢慢长大，宣公为他娶了一门亲，依然来自齐国，齐僖公之女宣姜。宣姜自然不叫宣姜，丈夫的谥号加姓，真实姓名不清楚，那时女子的名字外人叫不得。

错就错在宣姜太漂亮，媒人回报卫宣公说，新妇甚美，美得不可方物。卫宣公动心了，既然如此美丽，何必便宜儿子，不如自己娶了。

问题来了，迎娶婚嫁已经准备妥当，新娘娶进宫中便成了媳妇怎好动手。于是，卫宣公在必经之路，黄河之畔临时建造了一处高台，叫作新台。再着手替儿子新张罗了一门亲事，各娶各的，两不耽误，各自欢喜。

又是乱伦？还是谈不上，没娶进门怎么能算儿媳？宣姜是卫宣公光明正大娶进新台的。这一点，伋子没意见，老丈人齐僖公也没意见，嫁给一国之君比嫁给黄口小儿如何。

宣姜心中不爽，女孩子喜欢高富帅，何况宣姜也是一国公主，春秋更多叫女公子，无论如何也不会喜欢大叔。人生不如意十之八九，进了新台门，即为宣公人，不开心又如何。卫宣公知晓委屈小娘子，当即许诺将来立为夫人。一国夫人，该满意了吧。宣姜安心嫁与卫宣公，一口气生下两个儿子，公子寿、公子朔。

贵族们开开心心，皆大欢喜，反倒是卫国平民瞧不上这一家子，新台之歌火遍卫国大地黄河两岸。不久，改编过的诗歌《新台》登上高雅之堂。

有人欢喜有人忧，宣公夫人夷姜自杀了。

但见新人笑，哪闻旧人哭。夷姜如何竞争得过年轻美貌的新人，何况新人还是齐侯的女儿。夷姜对丈夫彻底失望，撇下三个儿子自缢而亡。宣姜如愿当上国君夫人，只是谁也不曾料到，她们会失去各自的儿子，也没想到这对原本会成为婆媳的姐妹冤家最终还是成了婆媳。

## 二子乘舟

太子伋美若冠玉，潇洒风趣，文采风流，光明磊落，雅正端方，气度雍容。《诗经》载，“瞻彼淇奥，绿竹猗猗。有匪君子，如切如嗟，如琢如磨。”太子伋的品行与才貌征服所有的卫国人，当为春秋第一名士君子。

每次见到玉树临风的太子伋，宣姜心中充满失落，总能挑动青春年少时憧憬爱情的心弦。随着宣公年复一年的衰老，这种感觉愈加强烈。宣姜暗示过太子伋，希望宣公百年之后太子伋会效仿乃父与她再续前缘，公子伋却无意于宣姜，他喜欢的另有其人，或许他并不知道。

公子寿，宣姜与宣公的长子，太子伋的弟弟。清冷严肃，不苟言笑，卫国又一个小璧人，深得卫宣公的喜爱。公子寿事事以兄长太子伋为楷模，久而久之，由倾慕而依恋，这对兄弟的情谊似乎超越亲情。

儿子一天天长大，身为正妻的宣姜不再对太子伋抱不切实际的念头，只想让儿子公子寿继承国君之位。枕边风永远管用，何况卫宣公同样担心太子伋记恨当年的夺妻之事，从而对宣姜的两个儿子不利。

废掉太子伋的继承权很棘手。公子寿固然是嫡子，而太子伋却是嫡长子。废长立幼，违背周礼，违背道德与法律，而且太子伋的实力不容小觑。宣公曾令右公子职辅佐太子伋，公然提出废立，势必受到右公子集团的抵制，也得不到国人支持。

卫宣公决定玩阴的，派刺客除掉自己的长子。虎毒不食子，宣公为了女人放弃道德与良知，心肠之歹毒远过禽畜。恰逢齐卫会盟，卫宣公令太子伋出使齐国，暗中收买盗贼作为刺客途中截杀太子伋。刺客们并不认识太子伋，密使传达宣公的指令，见白旄可杀之。

白色的牦牛尾迎风飘扬，太子伋接过白旄军旗，死亡的阴影在前方徘徊。

世间没有不透风的墙，公子寿从母亲的口中获悉一切阴谋。按说公子寿是最大的获益者，太子伋死去他将继承整个卫国。公子寿却并不愿意接受不道德、有损名誉的赠予。

真正的贵族，荣誉高于一切。

渡口，公子寿为兄长饯行，一一道出父母的阴谋，劝太子伋逃走。

太子伋痛心疾首，世界上还有比父亲对儿子痛下杀手更令人痛苦的事嘛。太子伋谢绝弟弟好意，执意继续前行，淡淡道，“逆父命求生，不可。若有无父之国，则可”。

违背父亲的意志活下来，不道德，不可行。如果这个世界有没有父亲的国度，可以去。然而，没有父亲哪来的儿子。

以生命去践行，这是真正的孝道。

公子寿闻听，敬兄长酒，敬其舍生赴死以全孝道。

母亲弃之而去，父亲要杀自己，太子伋失落至极，酒入愁肠，化为辛酸泪。三杯两盏，太子伋大醉不醒。

我不会让你死去的。公子寿温情地瞧着太子伋的脸，振衣而起，握起白旄，登舟而去。一路行到边境，刺客果然杀到。乱刃之下，白旄落地。

替兄长去死，公子寿为世人诠释兄弟之情的至高境界。什么君位权力、荣华富贵、美人如玉，在公子寿心中抵不过兄弟亲情，更抵不过他的荣誉，他绝不会让世人认为兄长因他而死。

太子伋的酒醒了，看到失去的白旄，刹那间明白一切，登舟追赶，赶到时只见弟弟的尸体，太子伋痛哭不止。赴死，我自己的决定，你又有何罪。转身对刺客们说，我才是太子伋，杀我吧。

刺客们并未手下留情，既然杀错了，正主又自投罗网，怎能放过。

卫人同情兄弟二人，为其作了一首诗：

二子乘舟，泛泛其景。愿言思子，中心养养！

二子乘舟，泛泛其逝。愿言思子，不瑕有害？

孔子念念不忘西周的美好，念念不忘理想中的社会。郁郁乎文哉！吾从周。西周的文化道德无疑达到人类的一个高峰，缺不了像太子伋和公子寿这般人物的躬行践履。今人无疑会嘲笑兄弟二人的呆傻，但今人如何知道，一个社会的精英贵族不去杀身成仁、以身作则，任何事都指望或强迫他人做贡献，所能得到的不过道德沦丧罢了。

当年太史公看到这段历史时发出灵魂的拷问，太子伋因妇人被杀，弟弟寿争死相让，与申生不忍让父亲伤心不揭骊姬之过相似，然而他们都死了，何其可悲。当恪守道德的人没有好结果，作恶的人却逍遥法外，那这个世界离崩溃就不远了。

卫国即将崩溃，春秋亦将崩溃。谁又能挽春秋大厦之将倾？

第八章

# 千古第一相管仲

中国历史上曾经诞生了无数名臣贤相，管仲即是其中的佼佼者。孔子曾对弟子们说过，没有管仲，我们都是野蛮人。（微管仲，吾其被发左衽矣。）

不战而屈人之兵，往往只是大国间对战争胜利的美好向往，很少有人认为不经流血可以征服实力强悍的对手，管仲将这一理想化为现实。

齐桓公九合诸侯，一匡天下，以区区齐国之力集结诸侯北伐南征，驱赶北戎，阻击楚国南进，用孔子的话说，不是靠军事的力量，只靠了一个人，管仲。为何能取得如此大的胜利，因为管仲是仁者，仁者无敌。

伟大的人物，传奇的人生，势必充满着辉煌。然而，传奇的开始往往平淡无奇。

## 管鲍之交

管仲出生于公元前 723 年，前面要加个约字，年份不怎么准确。

管仲，本名夷吾，仲是字。古人在人际交往中出于对人的尊重，不直呼人名，用字来称呼，这是春秋时代最流行的称呼方式。

管仲，姬姓，有周王室血脉。管氏始祖乃三监之一的管叔鲜，周武王姬发的同母弟，封在管国，叛乱被杀，后人以国名为氏。管仲并不出自这一支，而是周穆王的后人，穆王之子封在管邑，后人移居齐国。

管仲家境并不贫寒，父亲管庄是齐国大夫。管庄死得早，故而管家的家族条件比齐国其他贵族差许多。

年少的管仲接过家族重担，成为大夫，春秋的大夫大体相当于西方的领主，肩负起整个家族的责任。

千金易得，知己难求。人生最幸运的事莫过于得一知己。少年管仲遇到鲍叔牙，从此高山流水两相知。

鲍叔牙，齐国大夫鲍敬叔之子。姒姓，大禹的后人，采邑在鲍地，故以鲍为氏。鲍叔牙曾说人生有两大快事，“一为食盾鱼，二为饮玲珑”。盾鱼，后人称为鲍鱼，就因为鲍叔牙爱吃。玲珑据说是茶叶，我个人感觉可能是酒。不管玲珑是什么，鲍鱼熊掌，燕窝鱼翅，都是山珍海味，足见鲍氏家境不错。

管仲与鲍叔牙吃鲍鱼，品佳茗，青梅煮酒论天下。管仲说，咱们整天闲着没事不如赚点钱花。

齐国做生意不丢人，姜子牙建国之初，融合当地诸多风俗，捕鱼制盐，种植桑麻，纺织刺绣，商业发达，《史记》称齐国冠带衣履天下。

鲍叔牙懂这位好朋友，父亲死得早，家里条件不好，一堆人等着养活，肩上担子重。虽然鲍氏家族富有，不需要做生意去赚钱，但是鲍叔牙还是点点头，合伙吧，我出大头，你出小头。管仲很满意，我就这个意思。

管鲍二人合伙经商，开始生意做得不顺，主意大多管仲出，钱大伙一起亏，后来生意好了，有了赢利，管仲拿走大部分利润，出资多的鲍叔牙反倒拿得少。有人替鲍叔牙打抱不平，鲍叔牙不以为意，解释说:“管仲比我更需要钱。”

需要钱就多拿，合伙做生意的准则中没有这一条。如果都这样想，生意没得做。但是鲍叔牙不为钱，只为朋友。鲍叔牙看好管仲也算一种投资，对人才的投资。鲍叔牙相信自己能拿到收益，他相信好友的才干。遇到难办之事鲍叔牙总会咨询好友的意见，管仲也喜欢出主意。鲍叔牙每次都按照好朋友的指点去做，然而事情非但没有解决，反而更加棘手。鲍氏众人越发不满，骂管仲成事不足，劝鲍叔牙别再让蠢货参与。鲍叔牙替好友辩解，不是管仲愚蠢，只是时运不济。

做生意占合伙人便宜，替人出谋划策屡屡失误，若还能用缺钱、时运不济搪塞过去，胆小畏战就说不过去。

春秋初期战争频繁，齐国时常发生战事，贵族士大夫们都要去打仗，鲍叔牙与管仲召集各自的甲士，顶盔束甲，持戈登车，联袂奔赴战场。两军阵前，车鸣马嘶鼓声大作、金戈相交，每当齐军形势不利之时，管仲总是第一个逃跑。前前后后跑了三回，众人不耻。

春秋尚勇，重义轻生，讲究贵族精神，勇敢是贵族最重要的品质，贵族们认为面子比生命重要，最瞧不起胆小之辈。卫国两位公子舍生取义，争先赴死；齐国太史死了一个又一个，眉头都不皱一下的；晋国董狐当着权臣赵盾的面直抒弑君毫无惧色；晏子二桃杀三士，也是利用了当时国士尚勇轻生的精神。

管仲经常逃跑，鲍叔牙依然为好友辩解，说管仲有老母在堂。众人撇嘴，谁家没有母亲？

春秋时代的战争，交战时间短，战争烈度小，伤亡不多，死亡更是小概率的事儿，尚没有斩首记功之说，贵族们被俘可以用赎金赎回。春秋时的战争称为交戏，也就是玩游戏，原因不难理解，西周春秋的诸侯国彼此都是亲戚，直到战国时士大夫阶层崛起，加之土地兼并激烈，战争烈度才不断增强。

管仲为老母做逃兵，用鲍叔牙的话说，管仲自私不是真自私，不知羞耻不是真的不知羞耻，是什么呢？不耻小节而耻功名不达天下！

管仲根本不理会他人鄙夷的目光，也不在乎他人的想法，书读了万卷，路行了万里，做生意赚了不少钱，家族也稳定了，应去实现人生更崇高的目标。

致知格物修身齐家治国平天下，中国士大夫阶层最高的理想。管仲的人生目标上升到治国、平天下。

郑庄公、齐僖公时代，周王室衰落，无法统御诸侯，南方的楚国、北方的戎狄大举侵入中原，楚国采取蚕食策略，一点一点北上。戎狄直接进入列国，郑、卫、齐、燕、鲁等大国均被侵入过，而列国却为各自的利益相互混战，天下形势非常危急。所谓南夷与北狄交，中国不绝若线。

管仲对鲍叔牙说："我们应该做点事情了。"

鲍叔牙赞同，于是二人一同去求官。

## 管仲当官

春秋时做官靠血统，世官制。官员死了，儿子自然接任，譬如齐国上卿国懿仲和高傒。国懿仲和高傒分别是国氏和高氏的大夫。周天子封姜子牙于齐国，同时分封姜姓的国氏、高氏辅佐齐侯，号称齐国天子之二守。他们和他们的子孙世代为齐国上卿，轮流执政。

除了世袭之外，君主也可以任命官员。

大夫和士都是阶层不是官员，大夫和士的阶层才可以做官，春秋时大夫大体相当于西方的领主，国士相当于骑士。平民和奴隶想做官，可能性微乎其微。

管仲的父亲是大夫，管仲是嫡长子的话，自然可以继承大夫，若不是嫡长子，只能做士。

管仲有做官的权力，但国君有不用你的权力。管仲做了三次官，每次都被齐侯辞退。管仲风评委实不佳，大家都说不好的人国君怎么能用。齐僖公号称春秋三小霸，并非无能之辈，怎么也瞧不上管仲。管仲不走寻常路，他要的是变革。变革必然会触动既得利益者，说他坏话的人不可避免。

管仲有许多奇思妙想：

尊王攘夷。周天子威信不再，被郑庄公狠狠地修理了一顿，威风扫地，政令不出洛邑，各国忙着扩张地盘，谁还肯再尊一个管束自己的主子。

国家铸币，管控货币发行和铸造。当时货币五花八门，都是民间行为，国家铸钱不让别人干，肯定会触动不少人的利益。

平准，实施国家对经济的宏观调控。当市场出现供大于求，国家出钱以较低的价格收购商品，以保证价格不至于大幅下滑，保证生产者基本利润。当市场求大于供的时候，将储备抛向市场以平抑价格，保护消费者权益。管仲生活的时代根本没有经济学，更不用说现代经济学，他的平准政策太超前，大家怀疑管仲是个疯子。

春秋井田按土地数量征赋税，不考虑土地的肥沃和远近，貌似一碗水端平，其实不公平，从而引起质量差的土地荒芜，人口流失。管仲提出改革土地税收，根据土地好坏征税。拥有好地的贵族自然不会同意。

管仲还有许多奇思妙想，全国划分行政区域，环境保护，任人以能，举荐人才。这些超前的思想根本不被当时的人接受，普遍认为管仲就是个疯子。

被罢免了三次，管仲不服气，还要继续当。人家是大夫，有资格，又有报效国家的心，齐僖公真是没办法，把他安排给公子纠当师傅。公子纠是齐僖公次子，不算小人物，但是无法继承君位，管仲的治国理念也就无从施展。

几乎所有人都不看好管仲，连管仲都要放弃之时，鲍叔牙拍拍管仲的肩膀说：“兄弟，我看好你。”

管仲叹口气说：“我三度被国君罢免，如今教一个永远不可能当上国君的人读书，如何能施展抱负。”

鲍叔牙说：“你不是没有才能，而是时运不到，少安勿躁，人的运势不会一成不变。”

齐僖公长子诸儿继承君位，是为齐襄公，与文姜兄妹乱情的诸儿。襄公十二年发生连称、管至父叛乱，襄公遇害，公孙无知篡位。管仲和召忽护卫公子纠逃亡鲁国。

事情的变化出乎所有人预料，一年后齐国人杀死公孙无知，公子纠的机会来了，管仲的机会也就来了。

## 射钩结怨

管仲意识到机会来了，假如自己的学生公子纠回国继承君位，那么他就能施展才华实现心中的宏图大志。

鲁庄公自然支持公子纠回国继位，不仅可以一改两国因父亲鲁桓公之死引发的紧张关系，还能从中渔利。作为外甥，扶植舅舅成为齐国君主将是莫大的荣耀。鲁庄公发布命令，召集大夫，点起兵车，亲自护送舅舅归齐，兵发临淄。护送舅舅回国继位，又不是去打仗，何至于兴师动众，原因在于公子纠并不是齐国唯一的继承人。

齐襄公还有一个弟弟，老三公子小白，如今在莒国。

春秋宗法讲嫡长子继承制，公子纠和公子小白都不是嫡子，虽然公子纠排行在前，但没有规定必须由他继承，公子小白也有资格。管仲非常清楚公子小白的人脉，公子小白和齐国上卿国氏、高氏关系相当好，莒国离临淄的距离又比鲁国近。

为确保万无一失，管仲和鲁庄公制定出详细的计划，送公子纠归国途中管仲率一支人马截击公子小白。

不出所料，公子小白果然得到消息，与师傅鲍叔牙一道儿急急忙忙地赶往临淄，行至中途，遇到驭车狂奔而来的管仲。管仲识得公子小白，二话不说，驱车上前，弯弓怒射，一箭正中小白腹部。小白口吐鲜血，倒在车上。管仲掉转车头，带队离开。

一切来得如疾风迅雨，刹那间尘埃落定。荒原野路，急于赶路的鲍叔牙一行人怎么也没料到会遇到远在数百里之外的管仲，更想不到管仲如此果决，毫不手软。鲍叔牙等人回过神来，管仲早已绝尘而去。

一击致命，一招克敌。管仲将刺客的快发挥得淋漓尽致。孔子评价管仲具有仁心。管仲的仁在于只追求目的，不追求杀人，能不杀人就不杀人，未来齐国称霸天下不以兵车，不用军队，不通过血腥战争同样达成霸业，这就是管仲。

各为其主，也为管仲的宏图抱负，公子小白不得不杀，其余的人能不伤则不伤。管仲自认为仁至义尽，回程中犹自叹息：“鲍叔，休怪我无情，你定能理解我。”

鲍叔牙从来没抱怨过管仲，令管仲万万不曾想到的是，公子小白没有死。

小白的机敏出乎众人意料。管仲那一箭，的确射中小白，正中带钩。带钩即腰带挂钩，多为青铜铸造坚硬无比。变故仓促，公子小白临危不乱，保持着理智与清醒，咬破嘴唇，大叫一声倒身车内，假装中箭身亡。假若此时被管仲瞧出他未中箭，势必会补箭，将有一场大战，己方人少，不是敌人的对手。

公子小白靠聪明躲过一劫，暗暗记住管仲的名字，等我回临淄继承君位，定要你好看。

管仲半路劫杀反倒帮了公子小白的大忙。鲁国人得知小白中箭身亡，不再急于赶路，小白与鲍叔牙一行人则昼夜兼程，抢先数日来到临淄，在大贵族国、高两家的帮助下继承君位，是为中国历史大名鼎鼎的齐桓公。这一年，是公元前685年。

齐桓公继位，送公子纠回国的鲁国军队却没有回家，鲁庄公亲自带领军队讨要说法，公子纠是兄长，凭什么轮到公子小白。齐桓公很生气，召集齐军出战，两军相交于临淄城西南的乾时地区。

乾时在今青州，入齐境很深，距鲁国遥远。齐军以逸待劳，鲁军长途跋涉，这场战争结局不难预测，鲁军大败。鲁庄公跳车，车夫秦子及车右梁子手持庄公的旗帜，驾车引开追兵，才让鲁庄公逃脱。

齐军一路追击，打到齐鲁边境的汶水，夺走汶阳之田。自古文明膏腴地，齐鲁必争汶阳田。大汶河流域的汶阳之田乃肥田沃土，此后齐鲁两国围绕汶阳之田还有许多故事。

鲁军大败，齐军大举压境，管仲应该最紧张，差点儿射死公子小白，如今人家继承君位，一箭之仇如何能不报。身在鲁国的管仲悠然自得，不以为意。果然，齐国使者来到鲁国面见鲁庄公，献上齐桓公的信笺，上面写道：“公子纠，我的兄弟，请君杀之。管仲和召忽，我的仇人，请君送归齐国，寡人亲自将二人剁成肉酱，以解心头之恨。不然，大军兵进鲁国。”

鲁庄公犯不着为了三个外人引来齐兵，满口答应。鲁大夫施伯认为，其中有诈。鲁庄公问：“何诈之有？”施伯说：“齐侯借君上之手杀公子纠，情理之中，毕竟手足相残不是好事，可要杀管、召二人何必如此大费周章，一并杀了就是。管仲有治国大才，想是齐侯欲用管仲，又怕鲁国不放人，才出此策。齐国用管仲必为鲁患，不如顺水推舟杀了管仲将尸首送还。”

管仲有才？鲁庄公一脸鄙夷地说：“他连劫个道儿都不会，杀个人都杀不死，有什么用。假如他将小白杀死，哪有今日的困境。去把他叫来，让他选个死法。”

死在鲁国有个全尸，送去齐国剁成肉酱。

只要稍微有些头脑的人都明白应该如何选。召忽选择追随公子纠，自杀身亡，留下全尸，落得忠字好名声。

管仲一头钻进囚车，非要看看齐桓公如何将自己大卸八块，嘴里说道：“我要替公子纠讨个说法。”鲁庄公想：“那就成全你吧。”送人回齐国。

囚车一路驶往齐国，管仲唯恐押送的军士走得不快，表示要给大伙唱一首歌，管仲唱，众人和。大家一听，好啊，路途遥远，人困马乏，唱歌解闷，有何不可。管仲高歌一曲《黄鹄》。歌声轻快悠扬，众人且歌且走，车驰马奔，乐而忘倦，一天赶了两天的路程，终于来到齐境，管仲长吁一口气，心想，那个人该来了吧。

堂阜，今天山东临沂蒙阴境内，齐国边境小邑。

鲍叔牙等候多时。两个老友见面，一切尽在不言中。

## 三个人的局

管仲对鲍叔牙的迷之自信并非毫无缘由，这一切本身就是他们的一个局，三个人，包括死去的召忽。

时光回到十五年前齐僖公时代，召忽、管仲、鲍叔牙三人同时被齐僖公任命为诸公子的师傅，召忽、管仲辅佐公子纠，鲍叔牙辅佐公子小白。任命一出，鲍叔牙生病了，不能出来工作，早不病晚不病怎么单单这时候生病，管仲心如明镜，鲍叔牙知管仲，管仲何尝不知鲍叔牙。

管仲叫上召忽结伴来看望生病的鲍叔牙。鲍叔牙精神抖擞、红光满面，丝毫没有病意。召忽颇为奇怪，鲍叔牙无病，何故不出来做事？

这就明知故问了吗，“哎呀，”鲍叔牙叹了口气，“古人云，知子莫若父，知臣莫若君。而今君上知道我资质愚钝，故而让我辅佐小白，如此瞧不起我，那我只好放弃了。”

召忽想想也是。如果说身为老二的公子纠尚有可能继承君位，老三公子小白无论如何也没希望。辅佐一个毫无希望当国君、最后不过是个大夫的公子有什么意义，心高气傲的鲍叔牙接受不了。

召忽说：“这样吧，我回去对国君说你得了重病，奄奄一息，咱把工作辞了，以后与我们一道儿，站在公子纠这边。”

鲍叔牙痛快地答应下来，管仲不同意，他是做过生意的人，风险意识强，懂得不能把鸡蛋放在一个篮子里。劝鲍叔牙说：“干大事的人不能贪图安逸，不能不做事儿，再者说将来谁做国君还说不定呢。”

召忽觉得管仲糊涂透顶，不行，我们三人乃国之三鼎，缺一不可，共同辅佐公子纠才是正道。小白怎么可能当国君？

他们三人都不看好长子诸儿，认为诸儿品质不好，前途难说。齐襄公人品的确不咋地，与亲妹通奸，诿过他人，对臣下也不守信用，正因为不守信用，才有瓜熟之约的内乱。

对于公子纠和公子小白，召忽这位仁兄的观察力还是欠缺一些，没有看到公子纠的母亲不受国人待见，爱屋及乌，恨屋同样及乌。国人厌恶公子纠的母亲，同样波及公子纠。反倒公子小白从小失去生母，使国人因怜悯对他生出好感，这是公子小白的群众基础。

管仲说：“公子小白虽然没有大智慧，但小心谨慎思虑深远，是个有远见的人。”“小白之为人，无小智，惕而有大虑。”管仲非常得意，天下除了我管夷吾，谁还理解小白呢。

管仲说：“既然诸儿和公子纠都难以长久，安定国家不就靠你鲍叔牙吗，赶紧出来做事儿。”鲍叔牙听得高兴。召忽不开心，当下表态：

“假若有朝一日有人夺了公子纠的君位，虽得天下我依然不会活着，这是我所坚守的义。”管仲说：“你这是小义，我管夷吾不会为一个人死，死社稷、死宗庙、死祭祀。只死国家，不死个人。国家一日不灭，管夷吾一日不死。”

三个人话说得很清楚了。日后齐桓公小白不计射钩之仇拜管仲为相称仲父，并不是因为鲍叔牙说管仲有本事，而是因为管仲才是齐桓公的知己。召忽也践行前言，以死明志。

管仲、召忽、鲍叔牙今日所为，不过实施十多年前的策划罢了。

为使管仲脱难离开鲁国，鲍叔牙利用齐桓公对管仲的恨意放出狠话，而管仲心有灵犀，选择囚车归齐。

鲍叔牙微笑道：“我已将你举荐给君上，沐浴更衣随我面君。”

生我者父母，知我者鲍子也。

管仲一生不得志，身负旷世奇才不得施展。如今时来运转，很快，管仲将令天下记住他的名字，让列国侧目，使齐桓公名垂青史。

## 霸王天下

管仲回到临淄。齐桓公不仅不计较射钩之仇，还亲自到郊外迎接，给予非常高的礼遇。管仲的前途一片光明，照理说，一向郁郁不得志的管仲遇到欣赏自己的明君理应感激涕零，声泪俱下，誓效犬马之劳。然而，当齐桓公欲拜管仲为相时却遭到拒绝。

齐桓公问管仲：“国家能安定吗？”问这句话之前齐桓公说了一堆兄长襄公治理齐国的失误。

齐国在襄公时代国力逐渐强盛，借郑国内乱的机会扩大影响力，将卫国、鲁国、宋国变成盟国小弟，灭掉纪国，报九世之仇，后世称为齐襄小霸。齐襄公本性贪婪，刚愎自用，放纵情欲，与文姜兄妹乱伦，依靠武力扩张地盘，以大欺小，以强凌弱，灭纪、乱卫、杀害鲁桓公，失去诸侯支持，齐襄公害怕诸侯反攻，长年驻兵防御诸侯，最终酿成瓜约之乱。齐襄公遇刺身亡后的两年齐国政坛大乱，齐桓公才有机会回家做国君，故而急于安定国内动荡不安的局面。

管仲明白齐桓公的心思，却扯出另外一个概念，郑重地回答道："您能建立霸业，国家就能稳定，建立不了霸业，国家就不能稳定。"

中国历史到了这里，正式出现了一个词，霸。《管子》原文，管仲是这样说的，"君霸王，社稷定；君不霸王，社稷不定"。

霸王，即霸业。霸字和我们理解的意思不同，是伯的通假字。伯，老大。霸业，做老大的事业。对诸侯来说，那就是做诸侯之长。

管仲让齐桓公争做诸侯老大。建霸业，此之前无先例。后人定义，郑庄公小霸，更不用说齐僖公、齐襄公的所谓小小霸。这些人既未得到当时诸侯认同，也未得到周王的认可。

齐桓公蒙了，刚刚当上国君，屁股没坐稳，当什么诸侯老大，连连摇头说："我没那么大的雄心壮志，治理好齐国就行。"

管仲严肃地问道："您确定？"

齐桓公给出明确答案："是的，寡人就想管好齐国，如此而已。"

管仲起身告辞："国君免我一死是臣的幸事。臣不为公子纠去死是为安定国家，如今您不愿意做诸侯之长，那国家也安定不了。让我掌管齐国政事而不死节于公子纠，我不接受。"

管仲的言外之意表达得很清楚，我选择您，因为您是有理想和抱负的人，如果您只是和公子纠一样的人物，那我何苦背叛公子纠呢。

剧本有出入，我们脑海中的古代臣子多是为了做官皓首穷经三番两次去应试科举，奴颜婢膝以求升迁。哪有君主以最高权力相邀却遭拒绝的呢。只能说春秋时代与后世完全不同，君与臣均为双向选择。

眼见管仲走到大门口，齐桓公慌了，连忙喊话："管子慢走，寡人愿意图谋霸业。”说这话时齐桓公汗流浃背。称霸诸侯，建功立业，多风光的事儿，齐桓公何至于如此害怕。齐襄公即为前车之鉴，齐国虽强，但在列国之中也强不到哪里去，硬要做诸侯之长，搞不好命就丢了。

管仲容颜放缓，再次拜见，行稽首大礼，开心地说：“君上欲成霸业，臣敢不从命。”

管仲为何非要齐桓公建霸业呢？

此时的中国，王室衰落，四夷入侵，诸侯相杀，到了危急存亡之秋，数百年未有之大变局。犬戎灭西周，焚镐京，周室东迁；北戎入中原侵扰列国，一度打进齐境；荆蛮楚国攻打随国，迫使随国成为附庸，楚武王扬言天下，“我有敝甲，欲以观中国之政”。楚武王之子文王继位，随即迁都于郢，灭亡江汉地区最强大的申国，回军途中攻入邓国，使邓国成为附庸，兵锋北指，逐鹿中原的野心昭然若揭。

此时中国的局势，史书称，“南夷与北狄交，中国不绝若线”。形势危急像即将断掉的线。若此时只想偏安一国一隅，最终不可避免亡国的命运，必须有人主动站出来，走上前台迎接时代的挑战。

管仲要站出来，但他一个人的力量远远不够，他要齐桓公走上前台，带领齐国，带领天下诸侯，集结列国的能量。

“五侯九伯，实得征之。”齐国建立之初，周天子赋予第一任齐侯姜子牙护佑天下的使命，如今轮到小白担起重任。

与管仲的踌躇满志相比齐桓公明显信心不足，表面答应管仲争做霸主，却通过夸大自己的缺点委婉拒绝：“寡人有三大缺点，好玩，游猎至黄昏不归；好酒，日夜相继痛饮不断；好色，表姐妹中有不嫁人的。”

从白天玩到晚上，从晚上喝到白天，找女人不分内外，表姐妹都不让嫁人。这种人能当霸主吗？

齐桓公一脸玩味地瞧着管仲，心想："还逼我做霸主吗？"

管仲丝毫不为所动，微微一笑道："的确不是好习惯，但这不要紧。"

齐桓公彻底震惊到了，好玩、好酒、好色，意味着一个人没有精力和时间工作，这都不要紧，那什么要紧！

管仲悠悠然道："一个领导人只要不自以为是，有认识人和事物发展变化规律的智慧，那就可以啦。自以为是会失去众人之心，没有识人知物的智慧成不了大事。"

《管子》原文这样说的，"人君唯优与不敏不可。优则亡众，不敏不及事"。有人将"优"翻译成优柔寡断，将"不敏"解释为不勤奋、不聪明。

仁者见仁，智者见智。当你真正懂得世间的道理，便不会认为孔子说的"敏于事"是勤勉做事。敏于事是让你认识到事物发展的规律，懂得世间万物的规则，世事洞明而沉默是金。套用《菜根谭》一句话，"机械智巧，知之为高，知之而不用者尤高"。敏于事，慎于言，不是少说话多做事，而是懂道理少说话。

至于君主优柔寡断和自以为是哪一个才是最大的祸患，看看那些亡国之君，则一目了然。

君主喝酒游玩好色不工作，国家如何治理，管仲提出二元化分权管理，简单一个词，用人。

国君给出大方向，让别人去做，让更有能力更专业的人去做，为此管仲组建了一个团队。宁戚、隰朋、宾胥无、王子城父、东郭牙、鲍叔牙、公子举、公子开方、曹孙宿均在其中。

管仲说："讲礼仪，搞辩论，我不如隰朋，隰朋可为外交部长；开荒拓土增产建城搞农业建设和工程，我不如宁戚，宁戚可为大司田；行军打仗兵车不乱将士用命我不如王子城父，王子城父可为大司马；审判案件调节纷争，不妄杀无辜，不妄诬无罪之人，我不如宾胥无，宾胥无可为大司理；勇于进谏，不畏生死，不贪图富贵，我不如东郭牙，东郭牙可为大谏。”

以上五人即为齐之五杰，而后管仲又推荐了公子举、公子开方、曹孙宿等著名的外交官，加上鲍叔牙，管仲的治国团队正式组建起来。

齐桓公无话可说，游猎喝酒风花雪月不耽误，涉及军国大事也不用操心，什么事都不用做。

齐国管理团队有了。管仲给出如何治理齐国的明确目标，富民。

“国多财，则远者来；地辟举，则民留处；仓廪实，则知礼节；衣食足，则知荣辱。”国富才能吸引移民，留住民众。吃饱穿暖，人们才会知礼守法懂得荣辱。这是《管子》开篇论述的思想。

人民生活富足是治理国家最重要的事儿。《管子》是中国的国富论。管子虽然没能将经济学作为一门科学，但目标同样是富国裕民。

春秋直到战国，人们最喜欢生活在哪个国家，自然是齐国，齐国是列国中最富裕的国度，三百年后田氏代齐，也没去掉齐国的国号，齐国深入人心。

管仲对待战争的态度很明确，不战而屈人之兵。

齐桓公的霸业不是打出来的，齐军根本没打过几场战争，更不用说大的会战。《孙子兵法》说，上兵伐谋，其次伐交，其次伐兵，其下攻城。孙武从哪里总结来的，自然是管仲这里。

野蛮人入侵中原是列国面临的最大危险，天下共主的周天子伐郑失败后威信扫地，无法统御诸侯。诸侯国星罗棋布，各自为政，别说照应救援，甚至相互敌视、互相攻伐，一些弱小的诸侯国根本无力阻挡野蛮人进入。管仲希望齐桓公做霸主，担起周天子的责任统帅诸侯抵御野蛮人。

大家都是平起平坐的诸侯，许多姬室宗亲，还有公爵，凭什么听你齐侯指挥调度。

管仲给出办法，“尊王攘夷”。

齐侯没有资格指挥诸侯，周天子有，借助周天子的资格即可。周天子又凭什么听齐侯的？

周天子最缺威信，齐国来树立周天子的威信，天子感激齐国，自然会听从。

天下诸侯那么多，就算用周天子来压，也会有不从的，齐国又如何让这些诸侯听命？难道让齐国出兵打仗？

管仲摇头，征战，最下策，可不战而屈人之兵。

不通过战争能让人屈服，齐桓公睁大眼睛，心想哪有这等好事，不以为然。都说齐桓公相信管仲，然而最初并非如此，内政交给管仲，军事依然把在自己手里。

第九章

# 齐桓公的称霸之路

齐桓公对管仲非常佩服，有一点除外，军事能力。众人皆知管仲武力值差，打仗必定拖在后面，鲍叔牙打过圆场，称其为了老母。谁家没有父母，这个解释非常勉强，其实管仲根本瞧不起匹夫之勇，瞧不起通过拳头和武力解决问题。后世孔子评价管仲，“桓公九合诸侯，不以兵车，管仲之力也”。齐桓公不是通过战争实现霸业的，这是管仲的功劳。

不通过战争实现霸业，即不战而屈人之兵，怎么可能做到呢？

## 曹刿论战

起初齐桓公根本不相信不战而屈人之兵，即位一年后即发动对鲁国的战争，历史上有名的长勺之战，由此诞生了几则脍炙人口的故事，肉食者鄙、曹刿论战、一鼓作气。

公元前684年，鲍叔牙督率齐国大军兵车五百乘攻入鲁境，报复鲁军进入齐国帮助公子纠夺位的往事，这场战争是齐桓公泄私愤。春秋前期的战争大多不以攻城略地为目的，那时地广人稀，未开垦的土地比比皆是，何苦牺牲生命浪费钱财夺人家的城邑。郑国属于例外，从关中迁来，不得不夺取他人领土，饶是如此郑庄公也很克制，比如吞并许国所表现出来的态度。

春秋时期的人快意恩仇，恩怨分明，有仇必报，连性情温和的孔子都不主张以德报怨。你对不起我，我就要抽你的脸。齐桓公也是这么想，故而即位第一件事，伐鲁。

这又是一场春秋列国之间传统意义上的意气之战。

鲁庄公非胆小之辈，从之后能擒住宋国猛将南宫长万来看，武力值并不弱，之前也是亲率鲁军护送公子纠返齐夺位，只是鲁军刚在乾时大败，庄公弃车而逃，至今心有余悸。

正在此时，一个小人物来了，曹刿。

曹刿是小人物吗？

《左传》记载了一则非常有意思的故事，叫作曹刿论战，大家耳熟能详，中学课本必修的篇目。

齐军攻打鲁国，鲁庄公准备迎战，曹刿要去帮忙，猜猜人家乡亲们怎么说？“肉食者谋之，又何间焉？”吃肉之人操心的事儿，与你何干。

春秋时代的社会分工明确，农民种地，商人经商，打仗和这些人没半毛钱关系，那是贵族们的事儿。农民出粮食、商人出物资，诸侯、大夫、士出人，因为你吃人家的、喝人家的、穿人家的、用人家的，就要保护人家。那时社会尊重贵族不是没有来由的，阶级固化不假，但分工明确。

既然乡亲对曹刿这么说，那么曹刿不是贵族，连最低等的国士都不是，只能算庶人。

在那个以血统论贵贱的春秋时代，曹刿去见鲁庄公，庄公接见他了，说明他不是普通的庶人。曹刿血统高贵，乃周文王姬昌第六子曹叔铎的后人，之所以沦落为庶人，必然几代庶出。诸侯嫡子继位，庶子封大夫，大夫的庶子为士，士的庶子当然只能是庶人。

庶人不用去打仗，但曹刿血统上和鲁庄公真正的五百年前一家人，所以曹刿说得上话，要去帮忙。不仅帮鲁国，更是帮自己。像他这种几代庶出的人，早已成为贵族圈外的边缘人，但真正的聪明人懂得抓住机会改变命运。

曹刿回答乡亲说："吃肉的贵族们浅陋无知，不能深谋远虑。"

曹刿自以为比贵族们聪明，问了鲁庄公一个问题："君上靠什么与齐国作战？"

鲁庄公说："寡人有好东西从来不独享，能分给别人；给神灵的祭品从来不缺，而且从不夸大。"鲁庄公的意思表达得很明白，我对身边的人很好，我对神灵也很好。打仗靠身边的勇士和神灵的保佑。

鲁庄公说的是实情，上次乾时之战能逃回来，多亏车夫秦子及车右梁子假冒庄公驾车引开追兵，才让鲁庄公逃脱。你对身边的人不好，人家怎么会冒死保护。再者说，不遇追兵顺利逃回也有神的护佑。

曹刿摇摇头说："小恩小惠不足以惠及民众，小供小信不足以取信神灵。"庄公想了想说道："大大小小的案件纠纷，纵然不能一一明察，寡人一定用心去做。"

曹刿点头道："这才是对民众用心的态度，我愿意帮您打这一仗。"

这段对话和接下来的战争有关系吗？

当然有，曹刿让鲁庄公站在维护民众利益的角度去打仗，而非贵族的角度。

这其中有大大的不同，可谓天壤之别，何谓民众的战争，何谓贵族的战争，请看长勺之战。

## 三鼓战长勺

长勺在今山东莱芜，也有人说在曲阜，共同点都在鲁境，齐军长驱直入而来。前次乾时之战发生在齐境，靠近临淄，此次长勺则临近曲阜。来而不往非礼也，齐桓公就要报鲁军入齐境之仇。

长勺一片开阔之地，春秋时的战争大多选在开阔地带，利于车战冲锋。两军对峙，齐军鸣鼓冲锋。鲁庄公听齐军鼓响，便欲下令击鼓，曹刿说：“不急。”

此时齐军鼓声咚咚战车轰鸣前行，步卒紧随其后向鲁军冲锋，冲到一半发现鲁军纹丝不动，齐军很奇怪，停下脚步撤了回去。

有人认为齐军被鲁军射了回去，这是错误的，史书记载很清楚，双方没有发生战斗。齐军实力高过鲁军，战车冲锋，又在开阔地带，非弓箭所能抵御，只能是齐军主动撤回去了，而且不止一次。鲍叔牙整顿军队之后，再次鸣鼓出击，鲁军依然不动如山，齐军又停下脚步撤了回去。

齐国人傻吗？当然不傻，因为当时的《军礼》这样规定，“结日定地，各居一面，鸣鼓而战，不相诈”。打仗要约好地点，排好队形，各自占据一面，鸣鼓进军，不许骗人。这就叫义战，礼义之师。故而齐军鸣鼓进军，鲁军“按礼”也应该鸣鼓冲锋，双方光明正大地较量。齐军进攻，鲁军不击鼓，齐军自然要退回去，因为人家没做好准备。

第三通鼓响，齐军第三次出击，曹刿这才对鲁庄公说：“可以了，击鼓吧！”鲁军鸣鼓冲锋大败齐军。曹刿得意扬扬地对鲁庄公说：“这就叫一鼓作气，再而衰，三而竭。”

曹刿不讲规矩，使诈了，利用齐军懈怠心理打赢了这场战争。追击齐军之时曹刿特意下车察看齐军战车的车辙和旗帜混乱程度，以此确认齐军是真败没有伏兵，于是追击大败齐军。这才是我们熟悉的战争。兵者，诡道也。

我们嘲讽齐军所遵循的义战迂腐，活该战败，却忽略了设计者的初衷。古人制订军礼是为了维持贵族社会的良性运转。树立贵族的形象，降低贵族的伤亡。贵族人数少，不能因战争减员太多，所以战争只分输赢不定死活，以人为本。如果战争变成杀戮的战场，贵族大量死亡，受益的只能是平民。曹刿就是平民。当贵族战争演化为平民战争，贵族就灭亡了。

## 名箭金仆姑

鲁国人吃到兵不厌诈的甜头，在接下来的战争中频频使诈，接连赢了数回。

鲁庄公借战胜齐国大军的余威出兵攻打宋国，不宣而战，惹怒了宋闵公，于是同年秋天，齐宋两国联兵攻入鲁国，深入鲁境，兵至郎地，互为掎角之势，虎视鲁都曲阜。两国大军压境，鲁庄公这次丝毫未感到惊慌，用兵谋略在手，天下我有。

鲁庄公带领诸大夫们出城观察敌军，公子偃一眼看出联军弱点，宋军弱，齐军强。宋军之所以弱，弱在军容不整。宋军领军将领乃虎将南宫长万，据说此人有触山举鼎之力，万夫不当之勇，这是《东周列国志》说的，不是史书说的，但从日后南宫长万宫廷政变中连杀数人来看，此人身手的确不凡。不能说南宫长万轻视鲁军，此人没吃过鲁人的亏。齐军则不然，主将鲍叔牙刚吃过鲁人大亏，严阵以待，防御森严。

公子偃提出偷袭宋军营地，只要击败宋兵，齐军自然退去。鲁庄公起初不肯，似乎觉得偷袭拿不上台面，不鼓也就算了，如今连约战都省了。公子偃立功心切，私自率军偷偷从南门出城，绕道偷袭。春秋时代，尤其前期，诸侯国大多没有正规军，都是大夫封臣的私人武装，自个儿说了算。鲁庄公无奈，只好统帅诸军随后一起杀出城去。

公子偃又出奇招，将马匹蒙上虎皮。马害怕老虎，看到老虎必然慌乱。军马一乱，人心更慌。公子偃驱车杀入，假老虎们纷纷冲入宋营，毫无戒备的宋军果然大乱，主将南宫长万慌乱之际引兵败退，退至乘丘，整顿兵马与追击的鲁军再战。双方混战之际，鲁庄公手拈金仆姑，一箭射去，南宫长万应声落车，车右歂孙跳下车来，生擒南宫长万，鲁军大获全胜。

金仆姑乃中国名箭，有典故的，《琅嬛记》中载，鲁国某贵族有个仆人不见了，过了十多天才回来，主人生气想抽他一顿鞭子。仆人说："且慢，我不是故意偷懒，我姑姑修炼玄女之术得道飞升，昨天降临泰山，把我叫去喝酒，只喝了一顿酒没想到过了十五天。"主人当然不信，仆人取过一支金箭对主人说："此箭乃姑姑所赠，人不须善射，此箭自己能找到目标，而后自个儿返归箭囊。"主人一试，果然如此，立马收藏起来。你信吗？鲁国人信，自此以后鲁人但有良箭，皆取名金仆姑。其实就是取个好彩头，求个心安。箭法不出众，如何射人？鲁庄公确实有些本事。

不管怎么说，乘丘之役，鲁庄公的惊天一射载入《左传》，金仆姑自此声名大噪，威名远扬，成为绝世名箭。辛弃疾《鹧鸪天》诗云："壮岁旌旗拥万夫，锦襜突骑渡江初。燕兵夜娖银胡䩮，汉箭朝飞金仆姑。 追往事，叹今吾，春风不染白髭须。却将万字平戎策，换得东家种树书。"

## 齐纨鲁缟

宋师大败，齐军自然无心恋战，撤军回国。接连败给鲁国两次，齐桓公脸上挂不住，异常气恼，把气撒到谭国身上。谭国，上古古国，据说是少昊氏后裔，商代就存在，也有人说乃西周穆王所封，在今济南章丘附近，距临淄一百多里。齐桓公当年流亡时到过谭国，谭国君臣没理会他，等到齐桓公回国继位也没来祝贺。齐军自宋国归来，顺路灭掉谭国。齐桓公给出的灭谭理由，无礼！不是今天所说的没有礼貌，而是违背周礼。违背周礼该不该遭受亡国厄运，拳头说了算。春秋时代的小国生存比较困难，看大国脸色，亡国并不代表人没了，那时没有诛杀亡国之君的风气。谭国君主逃到邻国，活得倒也逍遥自在。

宋闵公输得不服气，第二年夏天卷土重来，学习鲁国好榜样，不宣而战，直接侵入鲁国，依然没弄过鲁庄公。鲁庄公亲率大军迎敌，趁宋军没摆好阵势之机率先发起冲锋，大败宋军。这次连鲁国本国史官都看不过眼，特意注解说，“凡师，敌未陈曰败某师，皆陈曰战”。攻击没有摆好阵势的敌人只能叫打败了谁，都摆开阵势才能叫作战斗。决斗应该是公平的，不公平的不能称为决斗，这是贵族精神。

鲁庄公玩得风生水起，齐桓公接连受挫，一筹莫展之际又想起管仲。

管仲悠悠然道：“谁说只有战车和长戈才能定胜负。”

齐桓公诧异道：“卿准备怎样替寡人报仇，不靠拳头难道用嘴巴？”

管仲打量着齐桓公，唇角绽出笑意：“主公该换衣服了。”

齐桓公不明所以，低头瞅了瞅一身的锦绣齐纨，露出迷茫之色。管仲道：“齐国织纨，鲁国产绨，主公应该穿鲁绨织成的衣物。”齐桓公问：“为何穿鲁绨？”管仲答道：“爱屋及乌，国人仰慕主公，主公穿鲁绨，国人自然也穿鲁绨，那么鲁国人就会大量生产缟绨。”齐桓公越发奇怪：“他们生产得越多，赚的钱越多，我们岂非为他人做嫁衣。”

管仲微微一笑说：“鲁国从事纺织的人越多，种粮的人就越少，长此以往，田地荒芜，粮食匮乏，如何打仗？”

齐桓公恍然大悟，立刻下令在齐鲁边境建制衣作坊，十日之后齐桓公穿上鲁绨织成的新衣，命令左右近臣皆穿鲁缟制成的衣物，一时民间效仿，鲁国缟绨大流行，需求大增，齐桓公暗中下令不许本国人织绨。

需求多，供给少，鲁绨价格暴涨。管仲更是对鲁国商人承诺，运千匹绨赏三百金，运万匹赏三千金，运来得越多赏得越多。鲁国商人以为管仲想屯集鲁绨发财，不疑有他，争先恐后挨家挨户重金收缟绨。鲁国人看到发财的机会，家家户户退耕还林，种桑树，搞纺织，忙得热火朝天。鲁国君臣也很开心，战场上揍着齐国的人，战场外赚着齐国的钱，何乐而不为。

一年后，齐国的探子回报管仲，鲁国一片繁忙景象，车马相交，扬起的尘土遮天蔽日，十步不见人。管仲来见齐桓公，收网时间到。

齐桓公脱下鲁绨，重新换上齐纨，流行的风向标变了，一时间齐国人纷纷换装，鲁国缟绨滞销。不仅如此，齐桓公下令封锁两国边境。边境一封，鲁国的丝绸进不来，齐国的粮食过不去。繁华褪去，危机来临，荒废耕种一年多的鲁国面临粮食危机。库内存粮消耗殆尽，周边粮价却大涨。原来齐国人这一年来从周边国家大量采购屯集粮食，引发粮价上涨，列国都知道鲁国缺粮却也没余粮供应，爱莫能助，况且即使有粮谁不想多赚一笔。

齐国卖十钱一石的粮食，鲁国要花费千钱。鲁国所屯集的缟绨，列国没有需求，犹如废品。鲁庄公这才回过神来，赶紧下令退林还耕，回家种地。不须鲁庄公的命令，吃不上饭的鲁国人早忙着耕种了，可惜不到播种的季节，等播上种子还要等待漫长的数月时间才能收获。饿着肚子的鲁国人纷纷逃亡，首选地，齐国，只因那里的粮食最便宜，两年时间鲁国人逃亡过半。

管仲不费一兵一卒，使对齐国取得两场重大军事胜利的鲁国陷入巨大的危机中，再也无力抵御齐国。之后管仲用同样的策略依样画葫芦，高价收购代国的狐皮、衡山的兵器、楚国的生鹿，收服代国，吞并衡山，重挫楚国，那是后话。

经济战争、粮食战争，管仲运用得炉火纯青，诠释了何为不战而屈人之兵，令齐桓公佩服得五体投地，再也不称呼管仲为管子，呼之为仲父。

## 挟天子正天下

公元前681年，长勺之战的三年后，将第一个竞争对手鲁国彻底打入深渊之后齐桓公准备采纳管仲的建议，担当道义做带头儿大哥，驱逐四境的野蛮人，维护天下和平。单凭齐国无法完成这一切，需要集结列国的力量，可是诸侯数以十计，凭什么拥护齐侯做老大？

管仲开出药方，尊王攘夷，挟天子正天下。

周王室乃天下共主，只要得到周天子的许可就能调动天下诸侯。

如今周王室衰落，失去号令天下的能力，却也不可能白白把权力给齐国，这难不倒管仲，投其所好即可。周王室地域狭小，收入少，自从被郑庄公饱揍一顿之后威信扫地，列国不怎么理睬。齐国带头恢复上贡，既让周天子有面子，又得到实惠，这等好事，周天子又不傻，自会算账。

齐国使臣来到洛邑朝贺新登基的周天子釐王姬胡齐，向周天子详细汇报桓公的意思。周釐王听说齐侯想替天子出头，求之不得，双方一拍即合，合作愉快，交易顺利完成。

面子、物资和钱粮实实在在，号令天下的权力虚无缥缈。周釐王心想："权力给你，人家听不听你的，不关我的事儿。"

齐桓公要的就是周天子的权力，一朝权在手，便把令来行，召集诸侯开会，地点，北杏，今天山东东阿。以前诸侯盟会均由天子主持，天子是盟主，如今齐桓公想当盟主，虽然有周天子的许可，人家诸侯为何要买账？江湖中争当武林盟主，华山论剑比的是武功，拳头说了算，齐国的军队连鲁国都打不过，技压群雄碾压诸侯更加谈不上。但是，《孙子兵法》中说得很清楚，上兵伐谋，其次伐交，其次伐兵。动用武力是次等的战争方式，管仲不屑于做的，最好的军事手段用谋略，用外交。各国诸侯不肯来，那就想办法让你不得不来。

这次诸侯盟会的主题来了，论宋公御说继位的合法性。

说起来，齐桓公要感谢宋国大夫南宫长万，那位让鲁庄公一箭成名的宋国虎将南宫长万。

## 暴脾气的南宫

乘丘之役，宋国大夫南宫长万被俘，鲁庄公并未因此轻视俘虏身份的南宫长万，待遇非常好，安排住在宫中，两人惺惺惜惺惺，因为南宫长万指挥的宋军打得相当顽强。鲁军不宣而战，用偷袭的卑鄙手段，采用虎皮蒙马的欺骗战术。现代讲兵不厌诈，那时背弃军礼，违背贵族精神，属小人行径。饶是如此，败退后的宋军依然能在南宫长万的指挥下稳住阵脚进行反击。

有个战斗小插曲足见乘丘之役的激烈，起初鲁庄公的驭手是县贲父，车右卜国，激战之中鲁庄公的战车翻了，副车上的人扔下绳子才将庄公救起。鲁庄公当时特别生气，嘴里抱怨："卜国最差。"县贲父听到了，深深自责道："以前从没翻过车，今天翻车，我们两人都有责任。"说罢和卜国一道冲入宋军阵中战死。后来马夫洗马时发现原来是马腿中箭导致翻车，鲁庄公为此专门写文章悼念二人，首开为士作诔之先河。

若非鲁军耍诈，宋鲁之战胜负难说，鲁庄公感觉己方理亏，又认为南宫长万勇猛善战，礼敬有加，没想到南宫长万一根筋，见鲁庄公如此看重一个战俘，视庄公为知己。春秋时代没有杀俘的传统，备好足够的赎金，人就可以回去，三个月后南宫长万回到宋国。

俘虏回来照旧是贵族，世袭的贵族身份不是国君能剥夺的。宋闵公和南宫长万依旧在一起。有一次宋闵公与大夫们去蒙泽狩猎，南宫长万在队。休息时宋闵公与南宫长万博戏，掷色子下棋。娱乐时间侍女们都在，聊天聊到鲁庄公，南宫长万当着众人的面大赞鲁庄公，“甚矣，鲁侯之淑、鲁侯之美也！天下诸侯宜为君者，唯鲁侯尔”。鲁侯太好了，善良温和，英勇俊美，天下诸侯中的君子唯鲁侯一人。

当着宋闵公的面大赞敌国对手，玉人在侧，宋闵公脸上没有面子，环顾美女，故作不屑道：“此人做过鲁侯的俘虏，因此吹捧鲁侯，坏的也会说成好的。”

南宫长万听后十分不满，弈棋又起风波，发生争执。宋闵公说：“寡人以前尊重你，可以让一让你，如今你做过俘虏，难道还要寡人尊重你。”

这话说得没错，一个做过俘虏打过败仗的人很难让人恢复从前的尊重，何况宋闵公是君主。然而这是春秋。春秋时代，君与臣的关系并非高高在上，君主须尊重臣子，礼贤下士，《礼记》明确记载，大夫进见主国国君，国君要行拜礼的。我们感觉宋闵公的话没什么错，那时的贵族却认为这是极大的侮辱，碰上好说话的贵族不会计较，南宫长万不行，暴脾气，俘虏的伤疤被揭了两回怎么能压住火，南宫长万抡起棋盘狠狠砸了过去，棋盘落下，宋闵公脑袋开花。故事有另一个版本，南宫长万没用棋盘，用手扭断宋闵公的脖子。

闻听消息，大夫仇牧提剑匆匆赶来，南宫长万抬手一巴掌抽倒仇牧，只一掌，门牙脱落嵌入门扇，仇牧当即毙命。南宫长万一不做二不休，找到太宰华督将其杀死，改立宋闵公堂弟公子游为宋君。太宰华督，就是杀害孔子先祖孔父嘉夺人妻子，弑杀宋殇公拥立宋闵公的华督，此人是宋闵公的死党，必杀之，也算给孔子老人家报了先祖之恨。

南宫长万下场凄凉。宋室宗族势力庞大，宋闵公死后群公子逃往各地，大多数人逃去萧邑，公子御说则来到亳地。南宫长万派儿子南宫牛和猛获率领己方精锐包围亳地。南宫长万之所以舍群公子不顾而攻击亳地，是因为公子御说乃群公子当中公认的佼佼者，诸侯对其也很认可。

宋国发大水，鲁庄公派使者前往慰问说："天降大雨，为何上天不知怜悯万民？"宋闵公答："孤对上天不敬，致使上天降灾，还令贵国担忧，实在是孤的耻辱。"鲁庄公听使者述说宋闵公的答词，倍感惊奇，宋公有这么大的胸怀？鲁国名臣臧文仲点评说："禹、汤罪己，其兴勃焉；桀、纣罪人，其亡忽焉。"明君有责任总能自己承担，而昏君总是指责别人。自然灾害是上天的原因，宋公能将责任揽到自己身上，国家岂有不兴盛的道理。后来听说这话是公子御说教宋闵公说的，臧文仲叹息道："此人适合做国君，因为他有一颗体恤万民的心。"

南宫牛、猛获的军队进攻亳地，正当公子御说率军与敌决斗之际，萧邑大夫萧大心借来曹国兵马，与宋室宗族的部队组成联军杀到亳地，内外夹击大败叛军，临阵斩杀南宫牛，乘胜追击，攻陷宫城杀死宋君公子游，拥立公子御说为新宋君，是为宋桓公。南宫长万独自夺门而出，回到封邑用车拉着八十岁的老母逃亡国外，一日一夜行二百多里来到陈国都城。宋人用重金贿赂陈国君臣，陈国人畏惧南宫长万之勇，使出美人计，令美人灌醉南宫长万，捆绑送到宋国。宋国将南宫长万剁成肉酱。

这场宋国群公子夺位的君位更替让齐国君臣抓到机会，公子御说是宋闵公的弟弟，按照嫡长子继承制，公子御说的继承权存疑。齐桓公奏请周天子承认公子御说的合法继承权，并要求由自己代表周天子向天下诸侯宣告。周天子非常痛快地应允下来，因为诸侯的君位传承早就与周天子没有关系，周天子也说了不算，还不如做个顺水人情。

公元前 681 年春天，齐桓公以周天子的名义遍撒英雄帖，召集诸侯到北杏会盟。齐、鲁、宋、郑、陈、曹、卫、蔡、邾、遂等中原列国都收到通知，会盟那天只到了四国：宋国、陈国、蔡国、邾国。

齐桓公很是丧气，想推迟会期，管仲不同意，不来的国君就是不肯给面子，延期估计还是不来，来的先会盟，再去收拾不来的。

于是，齐桓公、宋桓公、陈宣公、蔡哀侯、邾子克，五国国君会盟。会盟期间发生了一个小插曲，谁为盟主？

按爵位大小排列，宋桓公乃公爵，齐桓公是侯爵，宋桓公应为盟主，但大家都清楚，这次会盟是齐桓公召集的，齐国出的费用，而且周天子指名齐侯主持，大家心里明镜一般，公推齐桓公为盟主。

齐桓公志得意满，第一个走向盟台，北杏会盟就此开始，这是齐桓公九合诸侯的第一次，至此，齐桓公踏上尊王攘夷、挟天子正天下的王霸之路。

会后，宋桓公越想越不爽，觉得自己受骗了，被人当枪使。自己继位国君凭什么要让这些人认可，弄来弄去不过齐侯弄了个盟主罢了，自己没有什么好处。于是，半夜不打招呼，溜之乎也。

第二日众诸侯聚会发现宋桓公不辞而别，齐桓公大为光火，太不给面子了，大家为他撑场子，他先跑了，这叫什么事。

管仲微微一笑，心想，主公真以为盟主这么好当，不露两手别人是不会服的，先宰一只鸡给猴子们瞧瞧。

没来参加盟会的遂国成了第一只鸡。遂国，千年古国，据说乃舜的后人，商王所封，周武王又封过一遍，地理位置在今山东宁阳、肥城、东平一带。齐国之所以选择遂国，是因为其为鲁国附庸。此次盟会鲁国未到，遂国也没来。遂是小国，齐军轻而易举地占领了遂国，四年后遂人贵族们不甘心亡国，奋起抵抗，设计杀尽齐国守军，终为齐军所灭，立国千年之久的遂国从此消失于历史舞台，其版图并入齐国。

灭亡遂国不足以震慑诸侯，鲁国成了下一个目标，灭遂后一个月，齐军兵锋直指鲁国。三年前，鲁军两败齐国，取得长勺之战的胜利，如今的鲁国败给管仲发动的经济战，鲁人逃亡过半，国力大衰。齐桓公又高举挟天子正天下的旗号，讨伐鲁国不奉王命之罪，道义、实力均占上风，鲁军屡战屡败。《史记》记载鲁军的指挥官叫曹沫，《管子》记作曹刿，至今尚无定论，为了叙述连续性这里采用曹刿的说法。

### 手剑劫盟主

三年前，曹刿长勺之战大败齐军，然而仅过了三年，管仲的经济战大耗鲁国国力，半数鲁人为生计逃亡，大多逃到齐国，丧失一半人口的鲁国综合国力大降。兵法讲，上兵伐谋，经济战失利的鲁国无力抗衡齐国；其次伐交，北杏会盟确立齐侯盟主地位，得到陈国、蔡国、邾国支持。大国谋略、大国外交的失败注定战争的失利，齐鲁交锋曹刿三战三败，丧失大片土地。鲁庄公决定议和，与齐国盟约，承认齐桓公盟主地位。

承认齐侯为盟主，齐鲁之争便尘埃落定，公爵之国向地位低一级的侯爵之国臣服，这是鲁国莫大的耻辱。当年长勺战前夸下的海口历历在目，此时回天乏术，曹刿的内心纠结痛苦，不甘心失败，发誓为鲁国争取最后的利益。

鲁庄公提议会盟，弥补未去北杏的过错，特意提出不带兵甲的衣裳之会。齐桓公十分欢喜，这个当年干涉齐国内政两败齐军的强大对手服软认输，齐桓公的王霸之路才无后患隐忧。管仲提出自己的担忧，鲁君臣服得太快，是否有诈？曹刿为人刚强，不会轻易认输，我们要有所防范才行，带足甲兵以防万一。齐桓公拒绝管仲的建议，鲁国自诩礼仪之邦，固守礼仪道德，做不出卑鄙的事情来。

柯地筑起会盟台，齐鲁两国之君拾级而上，管仲和曹刿双双跟随，刚刚登上高台，尚未歃血盟誓，鲁庄公突然从怀中抽出剑来，逼近齐桓公，哭天抹泪，一脸悲愤道：“鲁国边境离国都只有五十里了，寡人唯有一死以谢国人。”说罢，左手短剑指向齐桓公，右手指向自己，“死了罢，让我死于君前”。

齐桓公直接蒙了，你要自杀干吗到这里来，自杀为啥剑指向我。管仲见势不妙，飞奔过来护驾，曹刿拔剑拦住道：“两位国君有事相商，原来的计划改了，谁都不许向前。”管仲反应够快，立刻明白这是鲁国君臣事先策划好的，随即大声说：“君上请把土地归还鲁国，以汶水为界。”齐桓公立马明白过来，这才是鲁庄公来会盟的条件，不给人家实惠，人家要和你同归于尽。性命攸关，不容不答应，齐桓公当即承诺，归还侵占的鲁国土地。

鲁国君臣喜笑颜开，双剑入怀，歃血为盟，宾主尽欢。这便是历史上很有名的柯地会盟，演义中叫作曹沫（刿）手剑劫齐侯。

曹刿一次又一次地要诈，从一鼓作气到藏剑劫人质，一次又一次地刷新国士精神的底线，有人说春秋贵族精神的崩坏始自宋楚之间的泓水之战，实则始自兵不厌诈的长勺。诸侯国君骨肉相残不守礼法，士大夫们也开始不讲究国士精神，贵族社会还能维持多久呢？曹刿不管那么多，只想实现自我的价值，等到春秋晚期战国时代更多诸如曹刿的人，孙武、孙膑、庞涓、苏秦、张仪、商鞅、白起……蜂拥而起，运用个人谋略不计道德准则，贵族精神从此远离中国大地。

贵族与平民本身就是对立的，孰对孰错，是是非非，仁者见仁，智者见智，尽在谈笑间。

打下遂国，收服鲁国，还剩下北杏会盟的逃盟者宋桓公。宋国不服，齐桓公的霸业就名不副实。

转过年来（公元前680年），齐桓公报请周天子起兵伐宋，周天子派王师参加，陈国、曹国也派出军队。齐桓公第一次挟天子正天下的战争打响。

军队开拔中，一个人站了出来，说："不需要大军出征，有我一个人足够了。"

这个人叫宁戚。

## 诗歌改命，宁戚的逆袭之路

桓公五子，辅助齐桓公称霸天下的五位功臣，管仲、宁戚、隰朋、宾胥无、鲍叔牙。五人中论能力、功劳大者当属管仲，论个人创业的高低，非宁戚莫属。就像青梅煮酒论英雄曹操将刘备排在自己之前，崔浩佩服刘裕过于慕容垂那样，宁戚的起点太低。刘备是贩履织席的个体从业者，刘裕是一个破落户，宁戚则是一个赶车喂牛的。

命运天注定，出身并非人所能决定的。逆天改命，转变人生靠什么？知识、勇气，还是性格？

都有，或许缺一不可。宁戚很好地实践了这一点。宁戚，卫国人，国人还是野人并没有明确的记载，但是家境贫寒，穷到没有能力去齐国。卫国和齐国相隔不过三百里，并不远，可他连去齐国的盘缠都没有，说一贫如洗不过分。贫穷并未泯灭宁戚的志气，他要改变自己的人生。

那时候没有科举，没有公务员考试，当官全凭血统和出身，像宁戚这种人基本与仕途无缘。宁戚不信命，环顾天下，他盯上了齐桓公。称霸天下需要人才，有野心的人需要有能力的人。

北杏会盟，齐桓公的野心尽人皆知，宁戚看到机会在向他招手。宁戚没有钱去齐国，于是他受雇于商人，赶车喂牛做了回车夫，跟随商队来到齐国。

入夜时分，商队来到齐国城郭外，留宿郊外，准备次日入城，正巧城门大开，齐桓公来到郊外迎客，侍卫随从簇拥车队鱼贯而出，火把照得通明。国君的车队出城，闲杂人等需要避让。商旅们纷纷回避，宁戚却没动地方，望着齐桓公的车，他心中一阵悲伤，逆天改命指望的贵人近在咫尺，触动心肠，于是，敲击牛角大放悲歌：

“南山矸，白石烂，生不遭尧与舜禅。短布单衣适至骭，从昏饭牛薄夜半，长夜漫漫何时旦？”

歌声悲凉，萦绕夜空。车轮戛然而止，齐桓公扶着侍从的手走下车来，循声望去说道：“异哉，唱歌者，非常人也。”

这是齐桓公给出的评价。为何能唱一首歌就不是寻常人？

这不是现代意思的一首歌，而是诗歌。中国是诗的国度，准确地讲是诗歌的国度，源起于西周时代。

当时的贵族圈子都是用诗歌来交流的，所以孔子才说，不学诗，无以言。不学诗歌不会说话，不是真正不会说话，而是不会说上等人的话，不懂贵族的语言。

从诗歌当中听出喻义，就是有文化，就是知识。

宁戚用诗歌表达自己的命运，齐桓公听出来了，高山流水心自知，不需要表白，不需要对话，更不需要什么考试面试，一句话而已，一首诗歌而已。

齐桓公马上命人将眼前的饭牛人带走，请进后面的车里一起回城，同时吩咐管仲去探一探此人的虚实。这个陌生人有没有本事，想干什么？

管仲领命来见宁戚，宁戚只给了一句话，“浩浩乎白水”！然后就不再言语，管仲也没再问，该说的人家都说了，想不明白，回去自己去想。

谁会先想明白宁戚的话呢？

## 管仲之妾

管仲回到家里百思不得其解，五天没去宫中，怕齐侯问起宁戚之事无法回答，又拉不下脸来再和宁戚聊，堂堂国相听不懂饭牛人的话传出去丢死人。

一个叫婧的姬妾见丈夫愁容满面，关切地问道："君五日不朝，愁眉不展，可是有什么难解的国家大事？"管仲正烦着，不耐烦地说："这是你不懂的。"

婧道："妾听闻一个道理，不要瞧不起老人，不要瞧不起贫贱的人，不要瞧不起小孩，也不要瞧不起羸弱之人。"

管仲一愣，心想："什么意思，嫌我瞧不起你？"

婧悠然地给管仲讲起典故来，从前姜太公七十岁屠牛于朝歌，八十岁成为天子的老师，九十岁封齐侯，老了就一定老了吗；伊尹，有莘氏陪嫁的奴仆却成为商汤的三公，贫贱就一定贫贱吗；皋陶的儿子长到五岁时就知道大禹能成就大事，小孩一定是小孩吗；良马駃騠出生七日力量远超它的母亲，羸弱的就一定羸弱吗！

管仲听呆了，婧貌似对他讲道理，其实在炫耀渊博的知识，潜台词是你不懂的未必我不懂。

管仲完全想不到他的姬妾学识居然如此了得，立马起身求教："前些日子主公让我去见宁戚，宁戚说：'浩浩乎白水。'我不知他说的啥意思，故而心中烦闷。"

婧笑道："人家说得已经很清楚了，君难道没听说过一首古诗吗，叫作《白水》，'浩浩白水，儵儵之鱼，君来召我，我将安居？国家未定，从我焉如？'宁戚想为国家做事，想当官呢。"

婧悠悠道来，韵致悦耳。看来婧说的四个不要还要加上一条，不要瞧不起女人。

管仲兴冲冲地入宫见齐桓公，大赞宁戚之才，细述宁戚不远数百里来投明君的渴望与诚意。管仲眼里宁戚自然是大才，你没读过的诗，人家读过，单论此一节见识在管仲之上。

齐桓公大喜，召见宁戚，双方一席长谈，宁戚深得桓公之心，立马准备重用。大夫们提出异议，宁戚不是齐人，大家对他的底细不了解，善良与否，贤良与否都不知晓。况且卫国不远，何不派人先去打听打听再说。贵族们不喜欢宁戚，一个赶车人凭借几句话就成为齐国大臣，列贵族之位，咱们这些贵族也太不值钱了吧。

齐桓公不以为然，当即拒绝，不可。若打听出此人的一些小毛病因而不用，那便是以人之小恶忘却大美。因小失大，往往是人主失去人才的原因，况且天下没有十全十美之人，用人用长处即可。齐桓公力排众议，任命宁戚为卿大夫。

宁戚没有辜负齐桓公的信任，后官至大司农，主管齐国农业生产。齐桓公和管仲领兵打仗在前，宁戚供给粮食保障后勤在后，为齐桓公的霸业立下了汗马功劳。

此次伐宋，宁戚挺身而出，欲凭三寸不烂之舌说服宋桓公认可齐侯盟主之位。宁戚口才果然厉害，小车一乘，从者数人，连拉带打，颇有后世纵横家的风采，说得宋桓公立马俯首听命。《东周列国志》中有一段详细描述，史实中并无记载。宋桓公之所以不战而降，宋畏惧齐国联军的强大，更怕舆论的力量。此次齐军奉天子之命而来，宋国成了叛逆，仗打得名不正言不顺，不如尊奉齐侯为盟主。

至此，“北杏会盟”胜利闭幕，这是齐桓公“九合诸侯”的第一次，兵不血刃，灭亡遂国、逼服鲁国和宋国。齐桓公尝到甜头儿，伐宋的同年及第二年，齐、宋、陈、卫、郑中原五大国先后两次在鄄地会盟。《左传》称齐国始霸，这是齐国称霸的开始。

## 尊王攘夷

当上盟主就要做盟主该做的事情。尊了王，要攘夷。

东夷、西戎、南蛮、北狄。野蛮人纷纷进入中原的势力范围，尤其北方与南方的野蛮人最为厉害，“南夷与北狄交中国，不绝若线”，礼仪之邦岌岌可危。挽救华夏文明正是管仲辅佐齐桓公的真正目的，也是齐桓公称霸的原因。

公元前 664 年（齐桓公二十二年），山戎侵扰燕国，燕国向齐国求救，积聚了二十年力量的齐桓公决定主动出击，驱赶野蛮人。

燕国，召公之后，都蓟，在今北京，不同如今的繁华，那时的北京一片蛮荒。燕国地处偏僻，荒凉无比，经济落后，人口稀少，开发度极低，春秋时期可怜的弱国，受尽野蛮人欺负。直到战国时代依然流传这么一句话“与其得百里于燕，不如得十里于宋”。燕国方圆百里之地不如宋国十里土地。

燕国立国后完全失去与华夏诸国的联系，燕国的君主是谁，在位了多少年，只有零星记录，至于发生过什么大事一片空白，然而，荒蛮之燕国却是华夏北境的开创与守卫者。

《读史方舆纪要》高度评价了北京的战略地位：“沧海环其东，太行拥其右，漳、卫襟带于南，居庸锁钥于北，幽燕形胜实甲天下。”燕山山脉从来都是阻挡北方民族南下的屏障，燕云十六州曾是中原王朝极其渴望的战略要地。

燕国周边没有强大的诸侯国只能自己扛，以燕国当时的实力无法阻挡野蛮人南下，经常有戎狄入侵列国，但燕国为华夏文明开拓了北境。

北境危急，身为诸侯霸主的齐桓公自然不能置之不理，组成远征军北上讨伐山戎，齐国战车横扫山戎、令支军队，越过沙漠穿过森林，斩杀孤竹国君，扫平北方野蛮人，其间还发生了一则老马识途的故事。齐桓公将远征军辛苦夺来的山戎五百里土地全部赠给燕庄公，因燕庄公殷勤相送进入齐境，齐桓公又将境上五十里土地转让。春秋时代地广人稀，人们并未将土地看得多重要。齐境离燕境很远，中间有许多小诸侯国，齐桓公赠送土地给燕国，大约想加强与燕国的联系。

齐桓公北征山戎，救助弱燕，并赠送土地的高风亮节大受诸侯欢迎，燕国到齐国间的海滨诸侯闻风拜服，齐桓公声望越来越大，真正开始得志于诸侯。

齐桓公北征，鲁国出力不小。自从会盟要小聪明动刀子胁迫齐桓公归还土地之后鲁庄公总觉心里有所亏欠，答应保障远征军的粮食供应。齐桓公胜利归来，送给鲁国许多战利品。鲁国人并不领情，说这不合乎礼仪，讨伐四夷的战利品应该献给天子，诸侯国之间不应互相献捷。说归说，鲁庄公倒是满心欢喜地收下了，不过他的人生也走到了终点。

## 庆父不死，鲁难未已

生老病死，自然规律。与齐桓公斗了一辈子的鲁庄公寿终正寝。鲁庄公箭射宋国猛将南宫长万，破格任用曹刿，败过齐军，破过宋兵，也算诸侯中的豪杰，无奈遇到一对千古知遇的君臣齐桓公与管仲，成为陪衬红花的绿叶。若人生如此结束鲁庄公只不过有“既生瑜，何生亮”似的小遗憾，可惜晚年的一念之差让鲁国陷入了长期的动乱。

鲁庄公有四个儿子，公子般、公子开、公子申、公子遂。

遵循周礼，本应嫡长子继承君位，夫人哀姜无子嗣，按理可立哀姜妹妹叔姜之子公子开为太子，可鲁庄公却想立孟任之子公子般，因孟任是鲁庄公的最爱，且是初恋。

鲁庄公少年之时外出游玩，登上一处高台举目望去，看到一位窈窕淑女，党氏的女儿孟任。孟任，顾名思义，孟姓人家的大女儿。鲁庄公展开疯狂爱情攻势，割臂盟誓，立为夫人。孟任欢欢喜喜地随鲁庄公回到曲阜家中，谁知庄公母亲文姜坚决不同意，她心中早替儿子找好夫人，那就是她哥哥齐襄公的女儿哀姜。政治婚姻原本寻常，可那时哀姜刚出生。鲁庄公不敢不听母亲的话，孟任只能沦为姬妾，同时等待齐国小姑娘长大。

鲁庄公愧疚一生，临死之前想弥补孟任，准备立她的儿子公子般为太子。公子般年龄虽长却不是嫡子，病床上的鲁庄公叫来二弟叔牙。

鲁庄公有三位弟弟，分别是庆父、叔牙和季友，他们与庄公同为鲁桓公的儿子，这三家就是日后主宰鲁国政坛“三桓”的祖先。

鲁庄公问叔牙：“我死之后谁可为君？”

叔牙回答：“嫡长子继承制与兄终弟及都是鲁国的传承制度，庆父在，可为继承人，君上无忧。”

庆父与叔牙关系好，既然您没有嫡长子继位就由二弟继承好了。

鲁庄公心中非常不快，又叫来四弟季友问了同样的问题，季友拍胸脯保证支持公子般。

季友没让鲁庄公失望，回去之后逼叔牙饮毒酒自杀，庄公死后扶持公子般继位。庆父自然无法忍受季友的无耻，进行报复，派人刺杀公子般。

公子般住在舅舅党氏家中，府中马夫曾经调戏过公子般喜欢的梁家女儿，被公子般抽了一顿鞭子，怀恨在心。庆父唆使马夫杀死公子般。

鲁庄公刚死，新君又遭暗杀，庆父为避杀君嫌疑不肯继位，拥立叔姜的儿子公子开为君，是为鲁闵公。季友逃往陈国，庆父为掩人耳目去了齐国。鲁闵公年龄虽小却很聪明，洞悉庆父野心，借两国会盟之机请求齐桓公召回身处陈国的季友。鲁闵公算盘打得精，既利用了齐桓公的威名，又请来帮手。

季友归来，庆父大怒，与情妇哀姜合谋杀害鲁闵公夺取政权，却遭到国人反对。鲁国国人对庆父接二连三的弑君暴行出离愤怒，围攻庆父。庆父只得和哀姜逃亡莒国。齐桓公问大夫仲孙湫鲁国情况。仲孙湫说了一句流传千古的名言："庆父不死，鲁难未已。"

身为盟主的齐桓公主持公道，齐军开进曲阜，立鲁庄公的另一个儿子公子申为君，是为鲁僖公。

鲁国安定下来，开始找庆父算账，送重礼让莒国驱逐庆父，走投无路的庆父求公子鱼拉自己一把，向国君求情，放一条生路。毕竟同是公族，公子鱼满口答应，没想到碰了一鼻子灰，季友坚决不同意放过庆父，庆父必须死。公子鱼不好意思将坏消息告诉狼狈不堪的庆父，站在门外哭泣。庆父听到门外的哭声，叹息道："这是公子鱼的哭声啊。"说罢，自缢身亡。

庆父死了，鲁国恢复平静。庆父毕竟是鲁桓公的二弟，依照鲁国一贯"亲亲"的原则，他的儿子们不但免死还继承了封地和爵位，称"孟孙氏"。三弟叔牙的儿子们称为"叔孙氏"。四弟季友的后人称为"季孙氏"。孟孙、叔孙、季孙，都是鲁桓公的孙子辈，故史书称为"三桓"。三个家族很了不起，孔子时代的鲁国已是三桓的天下。据说战国时代的孟子大师是孟孙氏的后人，那时家族已衰落。

哀姜的下场凄凉，齐桓公认为哀姜在鲁国动乱中扮演着不光彩的角色，大义灭亲，命人杀了她。鲁僖公讨回哀姜的尸体下葬，谥号哀。说来也怪，鲁人居然责怪齐人杀死哀姜的行为过分，或许认为齐国人越俎代庖，多管闲事，哀姜毕竟是鲁国夫人。

不管怎么说，齐桓公平定鲁国内乱，为其霸主事业又增添了一束光彩。

列国实在不安分，卫国又出事了，北狄灭亡卫国。

## 好鹤亡国

北狄有许多支部落，最初在山西、陕西，逐渐进入河北、河南。公元前662年狄人大举进入邢国，烧杀掳掠，接着继续向南，杀入繁华的卫国。

卫国不弱，可惜贵族国人们不想抵抗，因为国君卫懿公不喜欢人，喜欢鹤。卫懿公好鹤，远超当今野生动物保护主义者，给鹤封爵位，让鹤乘轩车。所谓轩车是带圆盖顶篷的车，只有大夫以上级别才可以坐，一般士人只能坐敞篷车。

公元前660年，北狄野蛮人大举进犯卫国，卫懿公发兵抵挡，贵族甲士们一边领着衣甲武器一边开国君玩笑："君上的鹤有爵位有官禄，我们哪比得上鹤，让鹤去。"

如此军队哪有战斗力，两军相遇于荧泽，卫军大败，卫懿公宁死不肯弃旗，狄人望大旗冲来，活捉卫懿公，将他吃掉。北狄依然保留着吃人肉的恶俗。

卫人弃城而逃，狄人一路追杀，杀得天昏地暗，血流成河。卫人侥幸逃过黄河，仅剩七百三十人，连同共国和滕国的难民共计五千人。即便这样，卫人仍不忘立新君，拥立公子申为国君，是为卫戴公。

卫国贵族国人不愿意替卫懿公卖力打仗，并不仅仅因卫懿公好鹤，卫懿公的爹卫惠公公子朔就是那场杀死太子伋和公子寿的阴谋的幕后黑手。国人讨厌他们父子，一直想另立他人，太子伋和公子寿均无后人，故而卫人立了太子伋同母弟昭伯的儿子卫戴公。可惜，卫戴公没当几天国君就死了，弟弟公子毁成为流亡政府的国君。卫戴公和公子毁的母亲都是宣姜，宣姜和昭伯的儿子，历史就这么有趣，宣姜曾经做过昭伯名义上的母亲。

卫人中也有忠于卫懿公的人，弘演就是一个。当人们找到卫懿公尸骨时只剩肝脏，弘演剖开自己的肚子将肝脏纳入，吩咐从人说：“将我埋了，主公便是全尸。”这便是弘演纳肝的典故。

卫人为自己的不团结付出了巨大代价，有国不能回。野蛮的狄人摧毁了邢国和卫国。齐桓公再次伸出援助之手，不仅率军救援，还帮助两国重建新都。

兴灭国，继绝世，这是中国传统文化的大功德，齐桓公援燕、救卫、复邢、存鲁，天下诸侯莫不心悦诚服，齐国霸业初具规模，尊王攘夷的大业完成大半，与此同时江汉平原的楚国犹如一颗冉冉升起的晨星闪耀南方，拓土开疆，兵锋指向中原。

“我蛮夷也。我有敝甲，欲以观中国之政。”当楚人有了北进中原的野心并付诸行动时，东方霸主与南蛮的战争一触即发。

第十章

# 天骄楚人

楚虽三户，亡秦必楚。这是一则神秘而又成功的预言。从此，楚人在中国历史舞台纵横三千年，书写了一段段神话。

赫赫楚国，而君临之，抚有蛮夷，奄征南海，以属诸夏。如此豪迈的言词道尽楚国的强大与荣耀。谁又能想到，楚人的创业之路异常艰辛，最初的成功源自于一株小小的菁茅草。

## 包茅之贡

殷商末年一个芈姓氏族的部落首领鬻熊率部族投奔周国。芈姓乃祝融八姓之一，崇拜太阳，以凤为图腾。该部落曾随武王伐纣。牧野之战姬发做的战前动员讲话中提到庸、蜀、羌、髳、微、卢、彭和濮人，并未提及该部落，足见其不过是众多盟友中非常不起眼的一个。

周人成功取代殷商，论功行赏，大封诸侯。周成王时代，鬻熊的后代熊绎获封子爵，封于丹阳（一说在今湖北丹江口）。那时的湖北属于楚蛮之地，国号因之为楚，方圆五十里。

封在蛮荒，爵位又低，周王室多么不待见楚人可见一斑。说到底，楚人此时的力量弱小，穷到盖不起祭祀的房子，穷到没有祭品只能去邻国偷一头牛来祭祀。

所谓楚国，不过是一个小小的村落。

周天子大会诸侯，大小诸侯们满载珠宝、粮食、布匹等财物进京朝见。上贡是分封体系至关重要的一环，从下到上，一级一级贡奉。贫穷的楚人自个儿吃饭都困难，哪有多余的东西做贡品。

熊绎一筹莫展，直至看到那片摇曳的菁茅草。

菁茅草是南方荆山一带普通的茅草，包扎成束的菁茅草叫包茅，可以用来缩酒。熊绎发现包茅的妙用，缩酒，说白了，就是能滤去酒中的残渣，因为那时还没有过滤网。

熊绎兴冲冲地来到镐京，献上包茅的同时还带来辟邪用的桃木弓、棘枝箭，全都是草艺品，成本低得不能再低。熊绎会忽悠，说包茅乃灵茅，包茅缩酒不仅干净，而且通灵。

祭祀，国之大事。有通灵的包茅怎么能不用。周成王首肯了这件贡品。并不是谁都有资格进见周天子，楚人用最低的成本进入周王室的朝贡体系。然而身为子爵的熊绎没有资格与诸侯并坐，只能在外庭守火燎。

熊绎依然开心，否则他不可能跋山涉水、千里迢迢从江汉赶到镐京给周天子站岗。

有了周天子的分封，进入周王室的朝贡体系，哪怕只是小小的子爵，也有大哥罩着，敢打楚人的主意相当于挑衅周王室。这就是楚国这个小小的村落能长久立足于南方的奥秘。不仅安全获得保障，熊氏一族世袭罔替，永世为君，同时拥有分封大夫、士的权力。分封的贵族能得到周王室的认可，必然能收获族人的忠诚。

楚人扎根蛮荒，伐木开垦，筚路蓝缕，艰苦创业。有一弊必有一利。楚人远在南方，成为周王朝最南端的诸侯国。蛮荒中向往周王朝的部落氏族纷纷前来投靠效忠，楚人的势力越来越大，引起蛮荒强大部族的反击。楚人聪明，懂得借力打力，借助周王朝的力量削弱敌人，利用周人南征的机会壮大自己。

周昭王继位后陆续发动讨伐东夷部落的战争，战功赫赫，为获取铜绿山的资源，三次南征荆楚蛮荒，重创南方地区野蛮人势力。第三次南征途中渡汉水时遇到大风浪，船毁人亡。天子殒命，大军损失惨重，这次大规模战争史书记载不详，可能周人觉得丢人，仅说昭王南巡不返，死在江上，甚至未能告知诸侯。这件事日后成为齐楚对抗时管仲责备楚国的罪责，说楚国没能保护好周天子的安全。

楚国是周王室南征最大的受益者，经过几代人努力，弹丸之地的楚国逐渐强大起来。

周懿王时西戎部落对宗周发动声势浩大的进攻，周王室一度被迫迁都槐里。到周夷王时代，王室越发衰落，诸侯不朝，而楚国则诞生了一位勇武的君主熊渠，他用自己独特的方式向周天子发出楚人的心声。

## 三子封王

熊渠箭术高超，太史公推崇备至，称他的箭术超过后羿，应该不是神话中射太阳的后羿，而是取代夏朝君主姒相之君位的后羿。

熊渠善射有个典故，与汉代名将李广的故事相似，夜间行走发现横卧的巨石，以为伏地猛虎，一箭射去，箭身没入大石。当时最锋利的箭镞无非青铜，青铜入石，实在叹为观止，足见熊渠膂力之强。熊渠知晓是石块之后，再射，箭折无痕，可见人在紧急关头的无限潜力。

勇猛的熊渠西攻庸国，讨伐扬越，攻占鄂国，纵横江汉，无人能敌，将铜矿资源丰富的铜绿山揽入囊中。楚国虽强，到底处于边荒南疆，诸夏列国视其为蠢尔蛮荆，高高在上的诸侯俯视的眼神与部族间的闲言碎语令熊渠非常不爽，国力再强说到底也不过区区子爵。熊渠怒了，用一句石破天惊的话向天下宣告楚人的愤怒，“我蛮夷也，不与中国之号谥”。我楚人是蛮夷，你们那套礼乐制度不适合我们。熊渠做得很绝，封三个儿子为王。你瞧，我儿子都是王。

熊渠这波博眼球的操作无非想告诉周王室，我楚国今非昔比，当年楚弱封子爵，如今楚国强大，是不是该有所表示，升升爵位？

熊渠这套做法并未引起周王室的关注，一则在他们眼里，楚人还真就是蛮夷，蛮夷胡乱封王再正常不过，纯属自娱自乐。二来周王室心有余而力不足，管不了这么多闲事。熊渠毕竟不是野蛮人。首任君主熊绎眼巴巴跑去朝贡周天子，就为得到周王室的认可，不可随意毁掉。当脾气火暴的周厉王继位，熊渠立刻取消儿子王号。都说周厉王昏君暴虐，暴虐也有暴虐的好处。无论上王号，还是去王号，周王室压根儿就没理会过楚人。

熊渠十分伤心，执政不过十年就去世了，楚国步入一百余年的平静时期，直到另一位有为之君又开始旧事重提。

## 我有敝甲，欲以观中国之政

公元前 741 年，熊通杀死哥哥的儿子继位。新楚君意气风发，挥师西征灭掉权国。春秋初年周王室衰落，诸侯国星罗棋布，灭亡一两个国家不是什么新鲜事，但楚君熊通将权国故地设立县尹管辖的行为惊呆所有人。灭亡一个家族或者国家，将土地人口分给别的贵族是传统，直接设官管辖实属反传统，意味着权地不属于贵族私产而属于君主，故而权县县尹斗缗造反了，楚君熊通杀死斗缗，改派阎敖治理，君权在楚国壮大。

公元前 707 年繻葛之战爆发，郑庄公大败王师箭射天子，消息传到楚国，熊通大喜，楚君三百余年的夙愿将在自己身上实现。第二年，熊通率楚师讨伐随国。

周王室为控制南疆，陆续将一些姬姓诸侯分封在淮水上游和汉水中游地带，设立随、唐、蔡、应、息等数十封国，组成一个庞大的姬姓封国集团，史称“汉阳诸姬”。它们成掎角之势，虎视南疆，随国是其中的翘楚。

楚国在汉水之西，随国在汉水之东。两国发生了一场静悄悄的战争。双方使者互访，没有打起来。最后熊通亮明态度，自己不是来和随国打仗的，而是让随国传话给周天子，原话是这样说的：“我蛮夷也。今诸侯皆为叛相侵，或相杀。我有敝甲，欲以观中国之政，请王室尊吾号。”

熊通说得很客气，如今诸侯背叛周天子互相攻伐，我们楚人也有一支军队可以参与其中，言外之意，我们楚人愿意帮助天子，但是周王室要加封尊号。

随君觉得这是好事儿，给楚君升升爵位，哪怕封个伯也能拉来一个帮手。于是，亲自跑了一趟洛邑，帮楚人传话。谁知刚刚挨过郑庄公一顿胖揍的周桓王心气依然强大，我堂堂天子什么时候混到要靠一介蛮夷帮忙的地步，传出去多丢人，不准。

熊通闻讯大怒，召集周边诸侯会盟。一时间，巴、庸、邓、绞、罗、申、郧等十余个江汉诸侯云集于沈鹿。这几个诸侯国的大体位置，巴国在今四川重庆，庸国在今湖北竹山，邓国在今湖北襄阳，绞国在今湖北郧阳，罗国在今湖北宜城，申国在今河南南阳，郧国在今湖北安陆。

楚君熊通会上对众人大发牢骚说：“我祖先鬻熊是周文王的老师，可惜死得早（言外之意是否则怎么也要封个侯啥的），成王封我先公为子男之爵。如今南方蛮夷率服我大楚，周天子却不肯提升楚君爵位。”话锋一转，熊通做出震动诸侯们的决定，“我自上尊号。”在众诸侯惊诧的神情中熊通自封楚王，比肩周天子。

熊通做得庄重威严，与会诸侯并不认可，心中暗笑楚君的狂妄，远在中原的周天子毫不理会，不过是蛮夷的把戏，蛮夷的王如天上的星辰、草原上的羊，多不胜数。楚武王熊通很快让傲慢的周天子和周边诸侯认识到什么叫作真正的王，他的目光投向未参加会盟的随国。

## 楚武王之死

楚军兵进随国，屯兵于汉水、淮水之间。随国大夫季梁对随侯说："先求和再战，求和不成，敌军懈怠而我军愤怒，这叫作先礼后兵。"大夫少师不同意，请求速战速决，以免夜长梦多。随侯采纳少师的建议。

楚、随两军在速杞对垒摆开阵势，季梁又建议："楚人以左为尊，国君一定在左军之中，我军可避开楚之左军，攻其右军，右军没有良将劲卒必然溃败，那时敌军势必瓦解。"少师又不同意，不与楚王正面交战，胜之不武。打，要打得堂堂正正；胜，要胜得明明白白。

自诩汉阳诸姬中的大国的随侯再次采纳少师建议，与楚君来一场对等较量。两军交锋，随军大败，随侯跳车逃跑，本人的战车和车右少师一并被俘。随侯无奈请和，楚武王本不想同意，斗伯比说："此一战随侯的宠臣少师威风扫地，季梁必被重用，我军未必拿得下随国。"于是，楚国与随国订立盟约，承认楚君的王位。

打败江东最强大的随国，楚军又先后击败巴国与鄾国联军，再破绞国、郧国、随国、蓼国的四国联军，声威大振，成为江汉地区的霸主，震动周王室，周天子将随侯召至洛邑训斥一顿，责备随侯听任楚人称王。随侯委屈心想："周王室不肯提升楚君爵位引来的麻烦，凭什么由我来承担。再说随、楚之间也打了一仗，打输了有什么办法。"随君自然不敢抱怨周天子，回到领地中断了与楚国的盟约。

消息传到楚国，楚武王大怒，正值苦心操练的荆尸阵法大成，决心亲自出征讨伐随国。楚武王 70 岁，年事已高，对古人来说，人生七十古来稀，本该颐养天年之时却要出征打仗，与夫人邓曼临别前，楚武王说了三个字，“余心荡”。

我心慌。或许楚武王有种不好的预感，也或许心知时日不多，但楚人的勇武不让他放弃。

邓曼没有劝阻丈夫出征，默默告别，事后对人说：“君王福禄尽了，盈而荡，天之道。先君自然知道这个道理，所以出征前才会心神难安，如果军队没有损失，王死于路上，国家之福。”

邓曼神预测，楚武王征途中死于樠树之下。令尹斗祁、莫敖屈重秘不发丧，继续开路筑桥，建筑营垒，造成大兵压境之势，迫使随国人求和。屈重以楚王的名义进入随国与随侯在汉水弯处再次订盟，楚军实现战略目标，全身而退。

亦余心之所善兮，虽九死其犹未悔。楚人正是凭借九死不悔的精神，铁血征伐，圆了大国之梦。

楚武王熊通在位 51 年，弑侄篡位，称霸江汉，自立为王，第一次喊出观中国之政的口号，开启楚国北上争霸的野心，与郑庄公、齐僖公并称春秋三小霸。

## 楚王杯酒虏息妫

勇气一以贯之，楚人以无与伦比的勇气披荆斩棘，一路前行。公元前 689 年，熊赀继位，是为楚文王。楚文王将国都由丹阳迁到郢，继续向周围诸侯国发起攻击，目标瞄准申国。

申国在今南阳，北进中原必由之地。申国曾是列国中比较强大的国家，周宣王时代镇抚南方，南疆老大。楚武王和申国交过手，没打下来。楚文王联合巴国，借道邓国伐申。

邓国的贵族们警惕起来，虽说著名的假道伐虢、唇亡齿寒的故事尚未发生，但邓国人懂得这个道理，劝邓侯趁楚王路过时伏兵斩杀。邓侯的妹妹邓曼是楚文王的母亲。作为楚王的亲舅舅，邓侯念及亲情，丝毫不认为楚王对邓国有野心。楚文王用时一年灭掉申国，回军途中又灭了邓国。楚人早就说了："我，蛮夷也。"将楚国当作礼仪之邦，邓侯只能认栽。

征服完申、邓，楚文王的步伐并未停止，将目光投向蔡国。蔡国自恃中原大国，素来不服楚国，楚人一时间拿蔡国没办法。不想与蔡国相邻的息国君主派人来到楚国，向楚王献上一条伐蔡的妙计。计策很简单，楚军攻打息国，息侯向蔡国求救，蔡侯必来相救，楚军可在半路截杀。

楚文王万不曾料到息侯会有这般操作，汉淮诸国为对抗楚国的扩张纷纷抱团自救，若蔡、息联合，楚国讨不到便宜。息侯之所以联楚攻蔡，是因为蔡侯调戏他的夫人。

息侯与蔡侯同娶陈国公室之女。息侯的夫人叫息妫，不是本名，代称，息国妫姓女子。生得面若桃花，美艳动人。息妫归宁回娘家路过蔡国，蔡侯非要见一见传说中美丽的小姨子。见见也就罢了，谁知蔡侯还有意勾引。弄得息妫很不开心，拂袖而去。春秋讲礼，男女之间不似如今这般随意。息侯认为受到莫大的侮辱，才想借楚国报复蔡侯。

息侯的胸襟实在不够宽广，而且不够光明正大。按照春秋的规矩，这事处理起来不麻烦，直接带上家伙找蔡侯单挑就是。春秋诸国之间打打杀杀很多都是由小事引起，打完了大家该干吗干吗。息侯玩阴的，借刀杀人，同时也把自己玩进去了。

一切按照计划发展，楚军攻打息国，息国向蔡国求援，蔡侯果然带兵来救息国，中了楚军埋伏被抓了俘虏，蔡侯这才恍然大悟，原来一切都是息侯搞的鬼。于是，蔡侯也玩起借刀杀人的把戏，大赞息妫的美貌，成功勾起楚文王的好色之心。

楚文王带人来到息国，见到息妫，惊为天人。英雄难过美人关，楚文王也不例外。蔡侯碍于礼义廉耻，多少能收敛个人欲望，调戏几句，楚人自诩蛮夷，岂顾他人怎么想。一见钟情之时便是一国破灭之日。次日，楚文王设宴招待息侯，埋伏兵甲将息侯拿下，霸占息夫人。息夫人为救夫君，无奈嫁给楚文王。这便是春秋有名的故事“楚王杯酒虏息妫”。

乱世红颜多祸水。息侯国灭家破，贬为城楼看门人。蔡侯亦被囚在楚国，国人可怜他，谥为哀侯。谁都喜欢漂亮的女人，但不是谁都能养得起。高贵如诸侯亦如此，何况小人物。量力而行，中庸之道。

《左传》对蔡哀侯的评价非常之低，引用《商书》的话说，人性恶的蔓延有如野火燎原，不能接近又怎能扑灭，说的就是蔡哀侯。

蔡哀侯坏，调戏女人引发战争，又坑得人家妻离子散，国破家亡。息侯又何尝不坏，阴谋报复，引狼入室，自作自受。楚文王更坏，灭人国家，霸占人妻。

息妫不能左右自己的命运，却用沉默保持着自尊。息妫为楚文王生下两个儿子，终身不笑，不言。

莫以今时宠，难忘旧日恩。看花满眼泪，不共楚王言。

楚文王问息妫为何不说话时，息妫回答说：“一个女人伺候两个丈夫，即便不死，又能说什么！”

懂得羞耻，是人难能可贵的品质，否则与禽兽何异。中国历史上下五千年，人们能记住的女人不多。息夫人是一个。千古艰难唯一死，伤心岂独息夫人。

楚文王的运气并非一直这么好，与巴国的战争打得并不顺利，一度让人家打到家门口。第二年又在津地大败，楚文王面部中箭狼狈逃回郢都，谁知守城官员鬻拳不让进。

春秋充斥着许多不合理的现象，并非不合理，而是我们认为不合理。秦汉之后有哪位大臣敢将君主拒之门外，除非谋反，而鬻拳并非谋反，他给出的理由光明正大，楚人只欢迎凯旋之君，不迎接败军之主。此非鬻拳第一次以下犯上，之前曾因事劝谏楚王，楚王不听，鬻拳竟然拔剑相向，逼迫楚王采纳自己的建议。事后鬻拳主动砍断自己一条腿来赎罪。楚文王没有怪罪，认为鬻拳忠君，授予守卫国都的要职。

轻生重义，春秋之人彪悍豪迈。望着城头正气凛然的残疾忠臣，楚文王满面羞愧，堂堂一国之君打了败仗有何脸面回家，转身离开，率军向黄国进发，击败黄国军队取得胜利才班师回国，不想箭伤发作死于归国途中，鬻拳安葬完国君，拔剑自杀。

两代国君死于征途，楚人不愧是战斗民族。正是凭借不畏死的勇武精神，内合三苗、百濮等部族，外并权、邓、申、息等数以十计的诸侯国，将一片蛮荒之地整合成山河千里、带甲百万、兵车千乘的南方大国。

楚文王死后，夫人息妫生的两个儿子自相残杀，先是长子熊艰继位，次子熊恽逃往随国，而后展开反击，袭杀兄长夺取王位，是为楚成王。

两个孩子年幼，王位之争的背后是贵族元老们的操盘，不到九岁的熊恽登顶楚国王位时叔叔令尹子元实权在握，幸运的是，由于权力制衡，又或者野心不足，子元没有杀侄篡位，迷上先王遗孀，当今楚成王的母亲息夫人。

春秋时代人们喜欢跳舞，贵族们更将舞蹈纳入礼仪范畴，不仅会跳还要合乎诗韵。舞蹈能彰显男人的魅力与修养。楚国士风强悍，巫舞盛行，更喜欢跳万舞，即武舞，手拿兵器跳舞。后世鸿门宴上项庄舞剑，跳的即是万舞。一舞剑气动四方，天地为之久低昂。令尹子元为追求息夫人，在夫人的宫室旁边另建新屋，不是来住的，而是用来跳舞的厅堂。

钟鼓齐鸣，子元舞戈，尽情展示男人刚猛雄劲的魅力。息夫人看后哭了，说："先君跳万舞为演习兵阵拓土开疆，令尹不为先君复仇，在我一个寡妇身边跳舞真是莫名其妙。"

子元一听，原来心爱的女人喜欢英雄，于是投戈于地，叹息道："女人不忘报复，我堂堂男儿怎么能忘却！"

子元执政时期一改前期的扩张，主动与中原列国交好，楚成王继位后派使者向周王室进贡，为此周天子赐胙，将祭肉赐给楚成王，要楚国"震尔南方夷越之乱，无侵中国"。承认楚国在南方的地位，给予征讨野蛮人的权力，不许侵扰列国。

周天子的命令不及女人一句话，子元为讨女人欢心，决定做一回英雄。

楚国的仇人很多，楚文王被巴军击败，死于征讨黄国的凯旋途中，令尹子元认为讨伐巴国和黄国不足以显示自己的英勇，将目光对准郑国。

当时郑文公在位，郑文公是春秋小霸郑庄公的孙子。经历四公子争位，郑国国力大不如前，但不同于楚国之前征伐的国家，依然有中原大国的风采。楚文王曾经两次想打郑国的主意都放弃了，令尹子元不敢轻视郑国，尽起楚国之兵，兵车六百乘，按一辆兵车"甲士三人，步卒七十二人"算，共计四万五千人，堪比武王伐纣的兵力，可见此时楚国的强盛，远非建国之初祭祀还要去邻国偷牛的小邦国。

公元前666年（齐桓公二十年）楚国大军攻入郑国，令尹子元率领楚国的贵族们驱车攻入郑都的外城，沿大道一路杀到市场附近，再一看，内城城门大开。楚军上下很是奇怪，事出反常必有妖，莫非有埋伏？子元犹豫片刻，喃喃自语道："郑国有高人啊。"果断下令退兵，撤到城外安营。

空城计，中国历史上不少人用过，三国的赵云、北齐的祖珽、唐代的张守圭……后人编入三十六计，最初的灵感来源怕就是这次载入《左传》的子元伐郑之战。

郑人不是故意摆出空城计，应该是忘记关城门，楚军进攻太快，没反应过来。次日郑文公正准备跑路，探子来报，楚幕有乌。楚军营地有乌鸦，说明空无一人。

楚军夜遁，趁着夜色溜了。楚军撤退不是怕郑国，而是害怕诸侯联军，齐桓公霸业初定，身为诸侯老大，郑国受到楚蛮攻击岂有不救之理，各路诸侯的军队正在路上。

令尹子元想抢在诸侯联军到来之前攻入郑都，逼郑文公臣服，不想一击得手后的迟疑不决断送战果，既未抢到战利品，也未得到盟约，却并不妨碍子元以胜利者的姿态回国抱美人，毕竟这是楚人达到的最远的北方，第一次深入中原腹地。

子元回国之后索性搬到宫中来住，史书并未记载息夫人是否委身子元，但爱慕者都住进宫里了，孤儿寡母能逃得掉吗。

子元的所作所为引起楚国贵族们的不满，斗廉（斗射师）自恃身份与功劳入宫劝阻，可能话说得有些过分，被子元关押了起来，这下引起斗氏宗族的不满。

## 斗谷於菟

斗氏，楚国芈姓大贵族。春秋时代姓氏是了解各国历史的一个重要环节，当时各国贵族必须记住的知识就是各大家族的姓氏。

斗氏源自斗伯比，斗伯比是楚君若敖之幼子。那时楚君没有称王，若敖是谥号，因为葬在若敖，故被后人尊为“若敖”，这是楚君有谥号的开始。若敖本姓芈，熊氏，名仪，叫芈仪、熊仪都可以，但后人称之为若敖，子孙成为若敖氏。

斗伯比出自若敖氏，因其封在斗邑，又称斗氏，给我们展示了一次完美的姓氏演变。

楚武王时斗伯比出任楚国令尹，为楚武王攻伐随国等汉东诸国立下汗马功劳。

斗廉是斗伯比的从弟，楚武王时代他以少胜多夜袭蒲骚，击败郧国军队，破四国联盟，军功赫赫，是斗伯比死后斗氏中的元老。

斗廉被扣，斗氏宗族大为愤怒。斗伯比之子斗谷於菟、申公斗班率斗氏旗下的人马攻入楚宫，击杀子元，救出斗廉。

斗谷於菟字子文，是非常有名气的一个人，楚国贤相。屈原在他的长诗《天问》中感叹："何环穿自闾社丘陵，爰出子文？"子文的父亲跑到山丘野外与表妹幽会偷情，怎么会生出子文这样的贤人。

子文的父亲斗伯比年轻时随母亲回娘家郧国，斗伯比的母亲是郧国国君的妹妹。人不风流枉少年。在那里，斗伯比喜欢上郧国国君的女儿，也就是他的表妹，两人私通野合生下男婴。未婚先孕，不合周礼。虽然周礼对野合不排斥，曾规定"中春之月，令会男女。于是时也，奔者不禁。若无故不用令者，罚之。司男女之无夫家者而会之"。但这只是对寻常人家而言，贵族们明媒正娶。国君大人怕丑事败露，将刚出生的私生子抛弃到云梦泽。不想几天后郧国国君去云梦泽打猎，见一老虎正用母乳喂养一个婴儿，场景十分震撼，回去之后说给夫人听，夫人大惊，便将女儿私通之事说了出来。于是郧国国君命人找回婴儿，交给女儿抚养，第二年将女儿送到楚国完婚。

虎乳喂婴，不管你信不信，故事载入史册，《左传·宣公四年》有详细的记载。如果说故事纯属编造，只有一个解释，郧国国君想让斗伯比和楚人重视这个私生子，从而尊重他的女儿。他的目的也达到了。

楚人震惊于婴儿的神奇，故事不胫而走。楚人的风俗，称虎为“於菟”，称乳为“谷”，因此斗伯比将小男孩取名为“谷於菟”，意为乳虎，虎乳喂养的小老虎。

小老虎果然厉害，与申公斗班调来的申县之兵里应外合，攻下郢都，斩杀权倾朝野十余年的子元。子元死后，息妫从此淡出人们的视线，楚成王亲政，斗谷於菟成为新的令尹，在他的努力下楚国进入鼎盛时期。

斗谷於菟之所以伟大，在于奉献精神。他将自己家族的财产奉献给楚王。战国初年发生过田氏代齐，田氏用大斗向百姓借出粮食，小斗收回，所谓大斗贷出小斗收入，如果不是特别有钱，如何经得起这般折腾。春秋时代更甚，分封制成就太多强大的家族，很多家族富过王侯。楚国经过子元之乱，王室财力衰弱，斗谷於菟主动献上家产，整天穿着朴素衣服上朝，逼迫其他的贵族效仿，让楚王成功渡过危机。《左传》赞其:“自毁其家，以纾楚国之难。”

楚成王在斗谷於菟的帮助下逐渐成长起来，一改子元执政前期与中原列国交好的国策，频繁出兵北上。

### 召陵之盟

公元前659年，执政十三年的楚成王入侵郑国，接下来的两年中两次伐郑，进击中原。

北伐山戎，平定北狄，重建卫国与邢国，声名鹊起的齐桓公再也忍无可忍，决定教训一下这个狂妄的荆蛮。

管仲故技重施，先打经济战。与推高缟绨价格诱使鲁国人放弃农业从事纺织业进而提高粮价搞垮鲁国一样，管仲让齐国商人高价收购楚国的鹿。鹿一天一个价，楚国农夫纷纷放弃种地，狩猎活鹿卖钱，粮食产量迅速下降。此时管仲下令禁止活鹿贸易，并下令盟国不准卖粮食给楚国。楚国出现粮食危机，大量楚人逃亡国外谋生。

时机成熟，可以出兵了。

师出有名，教训别人需要理由。

公元前656年（齐桓公三十年），齐桓公纠集齐、鲁、宋、陈、卫、郑、许、曹等诸侯国联军，举兵讨伐蔡国。齐桓公给出一个奇葩的理由，蔡穆公将齐桓公的夫人嫁给他人。齐桓公有三个夫人，蔡姬是其一。之前夫妻二人在船中饮酒玩乐，蔡姬荡船，齐桓公害怕落水大声制止，不料蔡姬玩兴正浓，荡得越发快。齐桓公大发雷霆，打发蔡姬回娘家。蔡穆公自然不高兴，将蔡姬嫁给别人。蔡姬改嫁情理之中，但齐桓公不承认休妻，这叫夺妻之恨。

将人送归娘家还不算休妻？欲加之罪何患无辞。齐桓公伐蔡，意在楚国。息夫人事件之后，蔡国已是楚国事实上的附庸国。

蔡国无力抵抗多国联军，一触即溃，联军兵入楚境。

楚国发生粮食危机，人口减少，中原诸侯联军声势浩大，楚成王顿感空前压力，只得派使者到联军大营求和。楚使带来楚成王的书信："君处北海，寡人处南海，唯是风马牛不相及也。不虞君之涉吾地也，何故？"

楚成王的意思相当清楚，楚国与齐国两地相隔遥远，并无利益冲突，您打我什么道理。

管仲的表态很有意思，首先说齐国有征讨诸侯的权力，这是周天子赋予的，接着列举楚国两大罪状：

其一，不向周王室进贡包茅，导致周天子无法酿酒祭祀。

其二，周昭王南征不返。

楚人不向周王室纳贡已有上百年的历史，再说包茅真不是什么奇珍异宝。使者直接替楚王承认错误："不进贡是错的，我们马上改。"至于第二条更是莫名其妙。周昭王南征已是三百多年前的事儿，据说在汉水覆舟而亡。当时征伐的荆蛮也不是楚国。管仲指责楚人保护不力。使者直接回怼：“这事您要问汉水两岸的人。”

其实楚国有很多罪行，楚人征伐灭亡的国家中有许多姬姓诸侯国，管仲明明知道却不问，若问了，这仗必须打下去，不死不休。

楚国使者不承认楚人与周昭王的失踪有关，双方谈崩，联军继续前进。楚使回到郢都汇报，楚成王从中看到议和的希望，派出更重量级的人物屈完前来谈判。

屈完，芈姓，屈氏，楚国大贵族，后世诗人屈原就出自这一家族。

齐桓公在昭陵会见屈完，与屈完同乘一车，大阅联军兵马。齐桓公终于道出心中所想：“此次用兵难道是为了寡人吗？是为了继承齐楚两国先君的友好关系。跟寡人同享太平如何？”

此前一切铺垫都为了今日的对话，齐桓公要的就是会盟，要的就是楚国服从以齐国为首的国际秩序。

屈完痛快地答应下来说：“原来您这是帮我们来了，给敝邑带来和平，正是寡君的愿望。”

齐桓公非常得意，手指旌旗猎猎、杀气腾腾、威武雄壮的联军说：“以此众战，谁能御之？以此攻城，何城不克？”

齐桓公拿出惯用的军事威慑，屈完不卑不亢，缓缓道：“君上若以德行服诸侯，谁敢不服？或用武力，楚国有坚固的方城，汉水的天险，人数再多也无用。”

又是不战而屈人之兵，齐桓公的战略目标达到，自然不会计较屈完的言语。屈完代表楚成王与诸侯会盟，史称“召陵之盟”。

齐桓公伐楚暂时遏制了楚国北上的势头，但楚人扩张的脚步不会停止，齐桓公死后，楚人大举进入中原，引发春秋史上最富有争议的一场战争，泓水之战。

第十一章

# 宋襄公的是与非

宋襄公，争议很大的人物，有人夸到天上去，有人贬到地底下。夸他的人，赞其为春秋五霸之一；贬他的人，称其为蠢猪。司马迁有段评语，道出其中缘由。太史公说，宋襄公修行仁义，欲为盟主，虽然泓水之战失败，君子们依然认为他值得赞美，因为中原礼仪沦丧，宋襄公的行为弥足珍贵，所以大家才褒奖他，称赞他的礼让之举。

## 辞君让国

很少有人能抗拒权力带来的诱惑，宋襄公不在此列。

宋襄公，子姓，名兹甫，宋桓公的次子，夫人所生，嫡子。兄长目夷，字子鱼，侍妾所生，庶长子。

宋桓公病重，按照当时的嫡长子继承制，兹甫是第一顺位继位人。兹甫再三恳求父亲："目夷年长且仁爱，君上应立他为国君。"宋桓公万分诧异，春秋年间为争夺君位兄弟间骨肉相残大打出手的事不胜枚举，主动辞君位者少之又少。

《左传》记载，宋桓公见兹甫言辞诚恳，召见目夷准备立为太子。目夷说："能把国家让给别人，还有比这更大的仁爱之举吗，臣不及也，而且不合乎礼制。"说完，快步退出去了。

另据《史记》记载，宋桓公虽称许兹甫的兄弟情义却否定建议，直接立兹甫为君。不管哪一种说法，兹甫礼让君位是不争的事实。

有人以今人之心度古人之腹，说兹甫让位不过客气一下而已，那就太不了解春秋。春秋有弑君者，有干坏事的，但恪守礼仪者更多，否则中国礼仪之邦的名头从何而来，难道靠秦汉之后的人来争取？

公元前651年，宋桓公去世，兹甫即位，是为宋襄公，目夷为相，拜左师。恭喜宋襄公，兄弟同心，其利断金。同年，齐桓公召集诸侯会盟。

葵丘会盟，齐桓公九合诸侯中最盛大的一次盟会，周天子的使者参与其中，盟会再次申明周天子的禁令，发出共同宣言，“凡我同盟之人，既盟之后，言归于好”。

面对四夷入侵、战火不断、列国纷争的乱世，各国诸侯立下盟誓，相扶相助，共同延续中原的文明。这一幕点燃了宋襄公心中的希望，他立志以齐桓公为榜样，成霸业，安天下。

齐桓公注意到来自宋国的年轻君主，礼让君位的举动让名震天下的霸主另眼相看，一番交谈下来，齐桓公认为宋襄公前途无量，极有可能接过尊王攘夷的旗帜，肩负起安定天下的责任。执政34年之久的齐桓公将太子昭托付给宋襄公。

## 五公子之乱

齐桓公有三位夫人，王姬、徐姬、蔡姬，她们均无子嗣，好在齐桓公侍妾众多，儿子有十多个，出名的有六个：长卫姬生的公子无亏；少卫姬生的公子元；郑姬生的公子昭；葛嬴生的公子潘；密姬生的公子商人；宋华子生的公子雍。

夫人无子，也就没有第一顺位继承人。齐桓公的侍妾甚多，互相争来争去，一直未能立太子，后来与管仲商议立公子昭为太子，并将太子托付给宋襄公。

齐桓公期望儿子们能像宋襄公兄弟那样礼让君位，但这个世界上像宋襄公这样的人很少，渴望权力的人很多。即使齐桓公明确定下君位继承人，其他儿子们依然虎视眈眈。因为公子昭为太子并不合乎礼法，没有嫡长子，按顺序应为庶长子公子无亏才对。

齐桓公的好帮手们管仲、宁戚、王子成父、宾须无、隰朋、东郭牙先后去世，晚年的齐桓公贪图享乐，所任用的人多为奸诈之徒，比如易牙、竖刁和公子开方。

易牙，一代名厨，最善调味，被后人尊称为厨师的鼻祖，厨艺精湛，深得齐桓公的信赖赏识。曾经将自己的儿子蒸了进献给主子吃，齐桓公深受感动，认为易牙爱君主胜过他的儿子。管仲却说："易牙的做法不合乎人情，不爱自己的儿子怎么可能爱君主。"

竖刁为了能入宫服侍齐桓公，主动挥刀自宫做了太监，桓公认为这是忠心之举。管仲说："不爱惜自己身体的人怎么可能爱君主。"

开方是卫国公子，父母死不奔丧，只为在君前尽忠，齐桓公很是赞赏，管仲又说："不爱自己的父母怎么可能爱君主。开方放弃卫国的领地忠于君上，其欲望远不止做卫国的太子。"

齐桓公接纳管仲的建议，渐渐疏远三人，管仲一死又恢复三人的职位，放在身边服侍。三人与众公子内外勾结，终将齐国这艘大船倾覆。

公子无亏的母亲长卫姬最先付诸行动，拉拢易牙，通过易牙影响齐桓公，于是，桓公随口答应改立公子无亏为太子，然而废黜太子昭的命令又未公布。

齐桓公的优柔寡断引发诸公子的野心，为争太子之位诸公子结党营私，明争暗斗，互不相让。

公元前 643 年（齐桓公四十三年），齐桓公病重，易牙、竖刁将齐桓公囚禁起来，筑高墙不许外人进出，断绝内外的联系，连饮食也断了，齐桓公饿死，横尸六十七日，蛆虫爬出户外，无人前来收葬。易牙、竖刁大杀群吏，立公子无亏为君。

太子昭逃亡宋国，宋襄公忆起齐桓公的嘱托，不可失信于人，召集卫、曹、邾三国诸侯，起大军护送太子昭归国继位。

公子无亏、易牙、竖刁等人不得人心，以国、高二族为首的齐国大贵族里应外合，赶走易牙，绞死公子无亏，准备迎立太子昭。谁知其他公子们不肯买账，四位公子联合抵抗。宋襄公率领联军击败四公子的乌合之众，拥立公子昭为君，是为齐孝公，直到此时齐桓公才得以下葬。

经过五公子之乱，齐国国力衰落，不复当年强盛，齐孝公无力回天，齐国霸业中落。

## 图霸受辱

宋襄公践行对齐桓公和管仲的承诺，拥立太子昭回国继位，安定齐国，一时间声名鹊起，更坚定宋襄公做霸主的决心。

宋襄公效仿齐桓公召集诸侯盟会，杀死来不及赴会的鄫国国君立威，攻打不服从宋国的曹国，霸业倒也弄得有模有样，只是与会者都是些小国，远没有齐桓公时的盛大。于是，宋襄公希望齐、楚两个大国参加，齐、楚两国来了，其他诸侯国也就不敢不来。

目标要和能力相配，眼见兄长玩大了，目夷连忙劝阻：“小国争当霸主，这是灾祸啊。”

宋襄公不以为然，霸主不需要靠实力，要靠仁义。齐桓公不也没打过几场真正意义上的大仗吗。

齐桓公称霸确实不仅仅依靠武力，然而不战而屈人之兵没有实力是做不到的，齐国商业强大，管仲靠经济战打垮鲁国、楚国，才逼迫两大强国求和，宋襄公什么都不做却妄想大国屈服。

齐孝公感激宋襄公的拥立之德，心中并不情愿屈尊人下，倒也不会使坏。楚国不同，楚成王连齐桓公都想抗衡，只是碍于当时齐国的声威和被搞残的经济忍气吞声，如今国力恢复又怎会将宋襄公放在眼里。

公元前639年，宋襄公与楚成王、齐孝公在鹿上会盟，会上宋襄公请求楚、齐二君利用各自的影响力邀请各诸侯国参加衣裳之会，尊他为盟主，共同延续齐国尊王攘夷的霸业。齐孝公犹豫不决，反倒是楚成王爽快地答应下来。

楚成王归国，斗谷於菟迷惑不解："宋君如此狂妄，大王为何同意会盟？"楚成王这才说出心中的打算："寡人欲图霸业，只恨没有机会，如今宋公提衣裳之会，正好借此机会成就霸业。"

大夫成得臣大声叫好，献计埋伏兵马擒拿宋襄公。成得臣是斗伯比的儿子，斗谷於菟的弟弟。斗谷於菟字子文，成得臣字子玉，之所以叫成得臣，因其为成氏。

斗谷於菟不以为然，衣裳之会干绑票的事儿，不合礼仪，将失信于诸侯。成得臣狡辩道："先扣留再放，既能让诸侯归附又能宣示仁德。"

到了约定的时间，宋襄公带着目夷高高兴兴地来到盂地（在今河南睢县），各地诸侯来了不少，宋、楚之外，还有陈、蔡、郑、许、曹五个国家。齐国没有来，鲁国也未到。齐孝公有种失落感，怕给先君齐桓公丢人。鲁国大夫臧文仲说："以欲从人，则可；以人从欲，鲜济。"让自己的想法服从别人，是可以的；想让别人服从自己的想法，很难做到。鲁国君臣并不看好这次盟会。

盟会果然出事，宋襄公与楚成王为争盟主之位翻脸，楚成王带甲兵去的，宋襄公轻车简从。楚成王一声令下，甲兵冲上盟台，扣押了宋襄公。不仅如此，楚军挟持宋襄公攻打宋国都城，不想宋人早有准备，立逃回国的公子目夷为新君，严阵以待，楚人讨不到便宜，只得退兵。

经过鲁国的调停，这年冬天众诸侯在薄地再次会盟，楚国释放了宋襄公。宋襄公得知新君已立，准备去卫国，目夷派人将宋襄公请回国都，表明自己当国君只是权宜之计，国君依旧由您来做。不由想起明代夺门之变，同样是国君被敌国所扣，宋襄公兄弟同心，而朱祁镇、朱祁钰却兄弟相杀。

目夷依然为弟弟和宋国的命运感到担忧："宋国的祸患恐怕还没有完结，被扣留的羞辱还不足以惩罚我们的国君。"他深知宋、楚两国的仇恨就此结下，战争只是时间问题。

## 泓水之战

公元前638年，盂地会盟第二年，郑文公去楚国朝拜。闻此消息的宋襄公气不打一处来。郑国，中原大国，姬姓子孙，不守护中原文明却臣服荆蛮。心中痛恨楚成王不守信义，蒙受奇耻大辱的宋襄公将怒火洒向郑国，起兵伐郑。公子目夷不同意伐郑，伐郑楚国必定不肯坐视不管，势必为宋国引来灾祸。大司马公孙固也不认可，说："殷商早被上天所抛弃，您想复兴殷商，有违天道。"宋襄公固执己见，不听众人劝阻，亲率大军讨伐郑国。

郑国向楚国求救，楚成王派成得臣率军救援，成得臣并未去郑国，率楚军杀向宋国，围魏救赵之计原来始自成得臣啊。

宋襄公闻讯从郑国回军，两军相遇于泓水。楚军抵达泓水南岸时，宋军早已占据北岸，摆开阵势。

成得臣下令楚军渡河。公子目夷大喜，对宋襄公说："天助我也，敌众我寡，本来我军处于下风，没想到楚军托大冒进渡河，趁其半渡之时发起攻击，可胜。”

站在战车之上的宋襄公摇摇头：“不可。”

宋襄公并非不知此时进攻有利，奉行礼义道德的宋襄公不会乘人之危。仁义之师“不推人于险，不迫人于阨”。（当人处于险地时不投井下石，当人处于困境时不逼人走投无路。）

楚军大摇大摆渡过河，尚未排开阵势，大司马公孙固道：“敌军已经渡河，可以进攻了。”宋襄公又摇头道：“不鼓不成列。”（不去攻击没有准备好的敌人。）

楚军整顿好兵马，排开阵势，这时宋襄公才下令进攻，面对人数众多又骁勇善战的楚军，宋军虽奋力冲杀，依然败下阵来，宋襄公大腿中箭，身边护卫皆战死。

泓水之战，宋军大败，再也无力与楚国争雄。国人抱怨宋襄公贻误战机，宋襄公却说：“君子不去伤害身受重伤的人，不捉拿年老的人。古人行军打仗，不凭借地势险要阻击对方。寡人虽殷商亡国之人，也不会不道德到去攻击没有列好阵势的敌人。”

宋襄公所说的是古军法。

古代战争是贵族式的战争，布阵有一定的程序，交战也有公认的原则，有固定的军礼。所谓“结日定地，各居一面，鸣鼓而战，不相诈”。交战双方选择好一处平坦开阔的地点，约好时间，大致同时抵达，等列好战阵之后，双方鸣鼓进攻，不许玩阴谋诡计。

古兵法《司马法》中说，“古人征战，追击溃逃的敌人不超过一百步，追赶主动退却的敌军不超过九十里，这是为了表示礼让。不残杀丧失战斗力的敌人，并哀怜伤员，这是为了表示仁爱。等敌人布阵完毕再发起进攻，这是为了表示诚信。争大义而不争小利，这是为了表示战争的正义性。赦免降服的敌人，这是表明军队的勇敢。能够预见战争开始和结局，这是表示统帅的智慧，根据‘礼、仁、信、义、勇、智’六德按时集合民众进行教育，作为管理民众的准则，这是从古以来治军作战的方法”。

礼、仁、信、义、勇、智，这是古代军人所必具备的精神，中国的贵族精神，西方的骑士精神。

这样的战争，更像体育比赛，战争双方就像运动员，竞技场上一展身手。当然，不是所有人都有资格参赛，农民商人没有资格当兵，只有贵族才有资格，最低到士这一级。

## 贵族精神的几则小故事

《左传》记载过一场战斗，宋国内乱，公子城与华豹的叛军相遇于赭丘，两车遥望，华豹拈弓搭箭，向公子城射来，结果却偏离目标。华豹动作敏捷，又一次搭箭上弦。公子城一见，不屑地大喊：“不让我还手，卑鄙！”当时的规矩，一人一箭。华豹闻言，将箭取下，老老实实地等公子城搭弓，结果公子城一箭射死华豹。

今人会觉得华豹傻，华豹当然不傻，只是用自己的行为捍卫贵族的信义精神。

晋楚鄢陵之战，晋国大将郤至战场厮杀中前后三次遇到楚共王，每次见到楚王，下车脱下头盔，趋避到一边，以表示对楚王的恭敬。楚共王欣赏郤至的风度，派人赠给郤至一张弓。

晋国另一位将军韩厥击败楚军盟友郑国的军队，郑成公乘车逃走。为韩厥驾车的车夫说：“赶快追就能追上。”韩厥却说：“我们已经打败他了，不可以再次羞辱国君。”于是放郑成公逃走。

即便在刀光剑影的杀戮战场，春秋时代的贵族们恪守信义，追求优雅，对敌国君主保持尊重。身为君主的楚共王被射瞎一只眼，军队处于危难之际依然不忘送礼物给欣赏的对手予以褒奖。

这些故事发生在泓水之战几十年后，甚至上百年之后，足见整个春秋时代的贵族们守信、讲礼，并不仅仅是宋襄公一人。

《春秋公羊传》对泓水之战的评价非常之高："君子大其不鼓不成列，临大事而不忘大礼，有君而无臣。以为虽文王之战，亦不过此也。"认为即使周文王遇到这种情况，也不会比宋襄公做得更好。

一个更有名的故事发生在公元前548年的夏天，齐国大臣崔杼设计杀害了君主齐庄公。崔杼不想在青史留下污名，让太史掩盖真相。太史在竹简上秉笔直书："崔杼弑其君。"崔杼怒杀太史，太史死，太史之弟继承乃兄的职务，新太史仍然写道："崔杼弑其君。"崔杼又把他杀了。其三弟继任太史照写不误。崔杼只好作罢，由他去写。南史氏听说太史一家尽死，手拿竹简前往史馆，准备继续书写史书，走到半路，听说已经如实记载，才回去。还有晋国的太史董狐，不畏权臣赵盾，直书赵盾弑君。

时穷节乃见，一一垂丹青。在齐太史简，在晋董狐笔。

这就是春秋时代的贵族们，心怀礼义，率性，执着，无所畏惧，不将生死放在心上。

宋襄公在这种环境下成长，明知可用诡诈取胜而不为，甘愿冒战败的风险也不破坏既定的战争规则，他的所作所为，不叫愚蠢，称得上堂堂正正，配得起中原上国、礼仪之邦、泱泱大国君子之风。

今人感到不可思议，这是战争，面对的是敌人，不是生活。但战争和人生又有何不同。战争就该斩尽杀绝吗？当你对他人痛下杀手时必然会有人对你斩草除根。

那个时代为了避免互相报复的杀戮，制定出规则和底线。这样做的好处很明显，贵族不至于在战争中无情损耗减员，不至于增加彼此仇恨，保存了贵族集团的实力。

春秋远去，孔子哀叹礼乐崩坏，时光来到残酷的战国时代，以吴起、孙子、白起、张仪、苏秦、商鞅、韩非子、李斯等人为代表的底层士人崛起，无所不用其极，功利为上，以成败论英雄，人头翻滚，白骨成堆，直到秦始皇一统天下，那些自商周时代延续上千年的贵族烟消云散，也包括嬴氏一族，因为贵族精神荡然无存，家族自然湮灭，中国迈向平民时代。

这就是宋襄公所坚持的原因，让贵族延续下去。故而尽管公子目夷、大司马公孙固不赞同宋襄公的迂腐和不知变通，还是义无反顾地支持，没有人背叛他，哪怕他被楚人囚禁，宋国军民仍然等他归来，泓水之战，宋军奋勇杀敌，护卫宋襄公的甲士们为他力战而死。

并非所有贵族都明白这层道理，他们向往礼义，自身却做不到，譬如楚成王。泓水战后，楚军凯旋，路过郑国，郑文公派夫人前去慰问。郑文公夫人芈氏是楚成王的妹妹。楚军向郑人炫耀俘获的宋军战俘，展示割下的死亡宋国士兵们的耳朵，宣扬战功赫赫。楚成王进入郑国都城，接受郑人的礼物，宴会结束，临行带走郑文公的两个女儿。舅舅娶外甥女，不符合中原礼法，想来或许楚地风俗如此。郑国大夫叔詹不高兴，评价说，“楚王恐怕不能寿终正寝，接受他人宴请却夺取人家的女儿，做乱伦之事，怎么能得到好死”。

叔詹一语成谶，日后楚太子商臣逼迫楚成王自杀，临死前求一熊掌不可得，这是后话。泓水之战第二年，宋国都城迎来一众从晋国辗转而来的流浪汉，宋襄公客气地接待了这群流浪汉，临行送了二十辆马车。做完这些事儿，受箭伤的宋襄公带着对霸业的不舍郁郁而终，令他没有想到是，这群流浪汉居然为他报了一箭之仇，用更加狡诈的战术赢得了胜利，将楚人赶出中原。这群流浪汉来自晋国，头目叫重耳。

第十二章

# 晋国崛起

晋国，天下莫强焉。晋国名君、名臣辈出，以一己之力，北阻戎狄，南抗楚国，西却强秦，成为春秋第一强国，霸业百年不衰。晋国之所以强大，在于其地临近戎狄，胡风极盛，想生存下去只有靠血性与武力去拼争，而周边野蛮人的民族融合也给晋人注入了狼性。最初的晋国不大，河、汾之东，只有方圆百里，大约在今天山西南部的翼城、绛县、曲沃一带，此地乃古唐国之地，帝尧之都。古唐国为周公旦所灭。周公凯旋之日镐京宫廷发生了一件有趣的事儿。

## 桐叶封唐

秋风乍起，桐叶飘零。镐京王宫内廷。

周成王与幼弟姬虞追逐玩耍。周武王死得早，成王幼年登基，周公摄政。

姬虞字子于，因是王弟，又呼叔虞。叔虞这个小孩生来有一点儿与众不同之处，掌心纹路像“虞”字，故而以此为名。成王喜欢幼弟，因他们两人一母同胞。母亲同为邑姜，姜子牙的女儿。

兄弟两人玩到尽兴之际，成王伸手捉住一片空中飘落的桐叶，取出小佩刀像模像样地刻成玉珪，递给弟弟说：“拿去，寡人封你为诸侯。”

小叔虞甚是高兴，兴冲冲地跪地接过桐叶珪拜谢：“臣弟谢陛下赐封。”

成王哈哈大笑。

本是两个孩子的嬉闹游戏，不料在旁侍奉的太史佚躬身问道："陛下何日册封叔虞，采邑何处？"

周时太史职务很重要，负责记录天子的一言一行，掌管起草文书、策命诸侯卿大夫、记载史实，故而有此一问。

成王愣了，随即笑道："寡人与弟弟玩，做游戏呢，不可以吗？"

当然不可以。太史佚一脸严肃，《史记》记载的原话如下："天子无戏言。言则史书之，礼成之，乐歌之。"

太史佚本名尹伊，三朝元老，有"周初四圣"之说。周文王时就是史官，记录过"灵兽、朱雀、丹书""白鱼跃于王舟"等诸多祥瑞之兆。随武王伐纣，实录"孟津观兵"，记载了当时的星象，留下"岁鼎克闻夙有商"的铭文，使后世明确武王灭商的具体时间。他说的话必然代表当时的政治生态，代表那个社会的行为准则。

何谓天子无戏言，就是诚信。

诚信，顾名思义：诚实守信，守承诺，讲信用。

中国传统文化中，自古而今，从个人到社会，诚信都被视为个人修养的内在基础和立足于社会的必备品质。孔子说："人而无信，不知其可也。"

人们交友或与他人共事都喜欢交往诚实正直的人，不愿与奸佞诡诈的人为伍。诚信既是人与人之间建立友谊、达到彼此信任的基础，又是人在社会关系中立身处世、合作共赢的道德要求。

如果你认识一个人，实力强大，智慧超群，但他没有诚实守信的品质，你会相信他吗，会依靠他吗？不会。因为你知道即便此人能力再强，不守信，就不足以依靠。

君无戏言，言而有信，言出必行。这是中国古代传统政治对天子的要求。天子代表天统治人民，天即神，神不能说假话，那么天子绝对不能撒谎。天子说谎打破民众与统治者形成的契约，民众将不再听命于统治者，不再听命于天子。试问，谁会相信谎言呢！

接下来发生的一幕很有戏剧性。

成王面露难色，一脸尴尬。裂土分疆、册封诸侯是他的权力，而现在只能用桐叶代替珪玉。他并非不想封弟弟，也非幼弟年少不便出藩他国，而是因为此时权力在周公之手。

周公姬旦，武王四弟，辅佐武王伐纣，位高权重。“周公恐惧流言日，王莽谦恭未篡时。”大家都说周公想做天子，篡位的流言四起。

周公一母同胞的亲弟弟管叔鲜、蔡叔度、霍叔处均以周公篡位为由起兵讨伐。同为开国重臣的太公望和召公奭也曾怀疑周公想篡位，周公甚至亲自向姜子牙和召公解释。

几乎全天下的人都怀疑周公想篡位，可见周公权力之大。周公摄政，必然代行天子之权，封建诸侯这样的大事不经过周公同意怎么可能实施。

作为周初四圣之一的太史佚不会不清楚，他就是要让周成王说了算，就是要让成王亲政。

太史佚此举有逼宫之嫌，逼的是周公，逼周公放权还政。

周公伐唐凯旋。成王便将桐叶封弟的事情详细告诉了周公，同时说了太史佚之言。周公大笑道：“好事，臣祝贺。天子无戏言，那就封在唐地吧。”

周公没有反对，没有因为小儿嬉戏之言放弃这项未经自己允许的重大政治决定，成王自此亲政，姬叔虞变成唐叔虞，一片桐叶奠定晋国的根基。

桐叶封唐是一个深有寓意的故事，让我们大致懂得西周的分封制，而这种封建诸侯的制度靠诚信守约的契约精神存在。当周天子不再信守许下的承诺，诸侯不再遵守约定，周朝也就结束了。

唐叔虞带着宗室子弟来到唐国，没有辜负成王与周公的信任，国家经营得有声有色，到唐国不久培育出嘉禾。周王朝以农业立国，粮食高产自然是祥瑞之兆。唐国地盘不大，纵横仅百里，构成却很复杂，本身是个少数民族的国家，有周人、商人、夏人、狄人，还有数不清的部落，堪称民族大熔炉。

唐国地处戎狄之间，必须在与戎狄的战争中取胜方能生存。叔虞自身勇武过人，曾一箭射死一头犀牛，用犀牛皮制成一副大铠甲，因铭文“晋”字的形状如箭镞插在箭筒之中，故叔虞的儿子改国号为晋。

晋如箭，象征着晋人的勇猛，晋人的嗜血。此后七百年，晋人用箭一般的锋利，以方圆百里之地征服数以十计的国家，拓地千里，直至成为春秋霸主。

### 曲沃代翼

唐叔虞传至第六代，到了晋穆侯，晋穆侯夫人生有两个儿子。生长子时晋穆侯跟随周宣王讨伐条戎，王师大败，晋穆侯深以为耻，给儿子取名为仇，立为太子，以示不忘战败的仇恨。第二个儿子出生时晋穆侯率军讨伐北戎，大获全胜，于是起名为成师。

晋国大夫师服对国君给两个儿子起的名字感到困惑，仇字不吉利，成师却是个好名，有成就之意。师服叹息说：“嫡长子的名字不如次子，晋国怕要出乱子。”历史的发展验证了师服的担忧，起名字的确有学问。

晋穆侯去世之后，其弟殇叔自立为君，史称晋殇叔。太子仇出逃国外，暗中组织力量一举袭杀晋殇叔登上国君之位，是为晋文侯。晋文侯在两王并立时期支持周平王，杀了携王，晋国开始崭露头角。

晋文侯死后，其子昭侯继位，将叔叔成师封在曲沃，称为曲沃桓叔。曲沃比晋国都城翼城还要大，类似于郑国都城新郑与京城。故而有人认为曲沃会导致晋国的内乱。果然，一幕血腥大戏就此上演。

由于翼城的晋侯继承自晋文侯，因此被称作“大宗”，而身在曲沃的桓叔一族作为旁支则被称作“小宗”。

分封之时，曲沃桓叔年岁已高。“老骥伏枥，志在千里，烈士暮年，壮心不已。”桓叔有野心，觊觎晋侯之位。

昭侯七年，晋国大夫潘父弑君迎接桓叔，但翼城的贵族们不买账，杀了潘父出兵击退桓叔，立昭侯之子平为晋君，是为孝侯。曲沃与翼城的第一次较量结束，大宗胜出。

桓叔郁闷中死去，其子继位，是为曲沃庄伯。庄伯安排刺客刺杀了孝侯，而后率手下大夫领主们攻打国都翼城，遭到国人顽强抵抗，庄伯只得退出曲沃，第二次较量结束，还是大宗胜出。

晋孝侯遇刺，其弟鄂侯继位，曲沃庄伯得到周桓王支持，联合郑国、邢国，继续出兵讨伐翼城，鄂侯兵败逃亡，不知去向。眼见胜利在望，没想到周桓王中途反水，派虢公带兵攻打曲沃庄伯，庄伯兵败退回曲沃。周桓王立鄂侯之子光为君，是为晋哀侯。第三回合较量结束，大宗三连胜。

兵败第二年曲沃庄伯气死了，其子称继位，是为曲沃武公。曲沃武公精明能干，收敛锋芒，等待机会。六年后晋哀侯讨伐陉廷，陉廷向曲沃求援，武公见时机已到，出兵攻打大宗的军队，晋哀侯战败被俘，随之被杀害。第四回合较量结束，小宗扭转乾坤，取得首胜。

翼城这边，国人拥立晋哀侯之子小子为君，是为小子侯。曲沃武公十分生气，经过三代人苦心经营，曲沃实力远远超过翼城，但晋人抱着正统观念，死活不承认小宗的地位。一气之下，曲沃武公诱杀小子侯。小宗接连弑君引起公愤，周桓王派虢仲率兵讨伐曲沃，随后立晋哀侯弟弟缗为晋侯。第五回合较量收官，小宗再处下风。

公元前678年（晋侯缗二十八年），曲沃武公以迅雷不及掩耳之势出兵偷袭翼城，攻破国都，斩杀晋侯缗，并将抢来的珍宝器物贿赂周釐王，周釐王显然没有周桓王的心气，眼见生米煮成熟饭，不再坚持周礼，干脆正式任命曲沃武公为晋国国君，位列诸侯。

曲沃武公变成晋武公，曲沃小宗成为最终的胜利者，经过三代人，六十七年对抗，六次大规模战争，先后干掉五任晋侯，历时六十七年之久的晋国内乱落下帷幕。曲沃一系终于取代翼城，成为晋国的正统。

小宗取代大宗，公室取代国君，其中隐藏着巨大的危险。

晋武公去世，其子诡诸继位，是为晋献公。晋献公的名字也来自战争，晋武公征服夷邑，杀死夷邑大夫诡诸，为纪念这场战争的胜利，将刚出生的儿子取名为诡诸。

晋献公壮年继位，野心勃勃，曲沃代翼这段血腥历史记忆犹新，对曲沃桓叔、庄伯的后代子孙们充满警惕，这些小宗里的桓庄公族战功卓著，势力庞大，难免不会再次上演第二场“曲沃代翼”的戏剧。

晋献公是个狠角色，采纳大夫士蔿的计策，离间桓庄公族中有本事的富子和游氏一族，唆使群公子赶走富子，尽诛游氏，而后发兵围攻群公子，将他们一网打尽，除了少数亲己派的公族，其余公族被屠戮殆尽。

公族被灭，卿大夫崛起，这就是晋国不同于其他诸侯国的原因，异姓优秀人才受到重用，晋国人才频出，国力开始兴盛。

## 假途伐虢

晋献公杀伐果断，雄才大略，一心开疆拓土。公元前661年，晋国扩军，一军扩编为二军，晋献公统领上军，太子申生统领下军。晋国大军灭掉周边耿、霍、魏三国，又将目光投向世仇虢国。

曲沃代翼过程中虢国两次帮助翼城的大宗，又成为桓庄公族漏网之鱼的藏身地，不可不除，但虢国属于老牌诸侯国，实力不比晋国差太多，又与虞国交好，并非周边小国可比。正当晋献公一筹莫展之时，大夫荀息献上著名的假途伐虢之计，向虞国借道攻打虢国。

晋献公感觉很搞笑问：“虞国凭什么借路给我们？”

荀息说：“当然要投其所好，用厚礼贿赂虞国国君，拆散虢、虞联盟。”晋献公表示同意，当荀息说出所献礼物时晋献公断然拒绝。屈产之乘和垂棘之璧。屈地出产的良马追风逐电，垂棘出产的玉璧价值连城，这两样东西都是绝世珍宝，绝对不能送给外人。

荀息笑了，说：“送给虞国借到路，相当于把宝贝存在外面的仓库，灭掉虢国返乡时顺路拿回来就是。”

敢情荀息想连虞国一起灭。晋献公头脑清醒，没被忽悠，怼了一句：“宫之奇在哪儿。”虞国大夫宫之奇有远见，且忠心耿耿，岂能识不破你的计谋。

荀息肯定地说道：“欲望蒙蔽人的双眼与双耳。宫之奇会劝谏，但虞君不会听。”

带着良马与美玉的荀息来到虞国借路，不出所料，虞君一见宝贝，贪心大起，就想点头应允。宫之奇说：“君上知道什么叫唇亡齿寒吗，虢国灭亡，虞国就危险了。”虞君看看美玉、良马，哪里管什么嘴唇、牙齿，不听宫之奇的劝阻，不仅答应借路，还派出军队帮助晋军攻打虢国。

在虞国的帮助下，晋军在里克、荀息的率领下攻克虢国的下阳，数年之后灭亡虢国，回军途中灭掉虞国，拿回了美玉与良马。

打下虢国与虞国，统一汾水流域，地跨黄河两岸，晋国的领土几乎扩大了一倍，成为足以与齐、楚相争的大国。

随着晋献公日渐衰老，夺嫡之争又开始上演。

## 申生不逃死

晋献公有五个比较出名的儿子，太子申生、重耳、夷吾、奚齐、卓子。

晋献公第一位夫人是贾国女儿，因无子，纳其庶母齐姜为妻，生有一儿一女，女儿嫁给秦穆公，立儿子申生为太子。后来，献公娶戎国两个庶妻，生重耳和夷吾。之后晋献公讨伐骊戎，杀了骊戎的首领，娶了他的两个女儿，骊姬和她的妹妹。骊姬生子奚齐，其妹生子卓子。除了太子申生，另外几个公子都有戎狄血统，可见晋国人常与戎狄之人通婚。

夫人齐姜已死，骊姬深得献公宠爱，被立为夫人，这下尴尬了，骊姬的儿子奚齐也成了嫡子，可申生毕竟是嫡长子，还排在前面。

骊姬想让自己的儿子奚齐为太子，国人和卿大夫们不买账，毕竟骊姬是俘虏，她的父亲被晋人所杀，支持她的人太少。但是他们不重要，重要的是晋献公的态度。

骊姬与情人优施合谋陷害太子申生，安排人向晋献公请求将太子申生派往曲沃，公子重耳和公子夷吾去蒲地和屈地。骊姬很有见识，这一招不仅将太子申生赶出国都，又能让晋献公忆起曲沃代翼的往事。

这还不算完，骊姬又怂恿晋献公安排太子申生出去打仗。晋国扩军，晋献公自将上军，太子将下军，攻打霍国。

士蔿瞧出不对劲，太子是储君，等着继位就好了，为何要授予官职和封地，分明拿太子当作庶子。士蔿来探晋献公的口风，说：“太子乃国之栋梁，君上让太子带兵，岂不危险。”晋献公道：“是有些风险，但能有多大害处。”

士蔿瞬间明白，对人说：“太子很难继承君位，因为君上改主意了，不顾太子安危让他带兵，征伐霍国成功，功高震主，失败则获罪，无论成功与否都难逃罪责。不如现在就逃离晋国。”

有人将士蔿的话告诉太子申生，申生不跑，说：“做儿子的，怕的是不能顺从父亲的命令，不担心没有好名声。”

太子申生毅然率军出征，几场胜仗下来，流言蜚语满天飞，说什么太子申生战功卓著，又有曲沃封地，接下来就要弑君夺位。

听到传言，晋献公内心不安，对骊姬说：“申生一向宽惠慈爱，爱百姓难道会不爱自己的父亲吗？”

骊姬说：“对百姓慈爱和孝顺是两码事。如果他觉得你是个像纣一样的坏国君，出于对百姓的爱护就会杀了您。曲沃桓叔正因为没有私亲，才得以兼并晋国。”

晋献公终于动了杀心，只是太子申生性格谨慎，战功卓著，受国人敬重，杀他需要理由。

骊姬说：“我有办法。”

这一天，骊姬以晋献公的名义向远在曲沃的太子申生下达命令，说：“君上夜梦你亡故的母亲齐姜，你赶紧祭祀一番，将祭肉送来。”于是申生在曲沃祭祀，按礼制将祭肉送到国都绛城。骊姬在肉里放了毒药，然后端上来给献公吃。大戏就此开演，骊姬让人试吃，结果试吃的人中毒身亡。太子谋反，证据确凿。不是我想废太子，是太子想杀寡人。

亲信劝太子申生找晋献公辩解。申生说：“国君没有骊姬，寝食不安。我若辩解，骊姬便有罪。君父不开心，我也不会开心的。”

亲信说：“那就逃跑吧。”

申生还是摇头：“如果我逃走，说明我怨恨君父，且向天下彰示君父的过错，我不想让列国耻笑。”

不辩，不逃，那只有死路一条，太子申生自缢而亡。

为何不反？

太子申生深受国人敬重，拥兵在外，又有曲沃重镇，若领兵抗争，又一个曲沃代翼的故事，国家分裂，手足相残，亲人相杀，晋国势必衰落。不是申生没有勇气，以生命保全晋国的繁荣、保护国人的生命，可谓大勇。

申生一死，接下来轮到重耳和夷吾。骊姬又诬告两人参与祭肉撒毒案，两位公子闻风而逃，重耳逃到蒲城，夷吾则逃至屈城。

晋献公命人追杀二位公子。重耳逃到翟国，翟国是狄人建立的国度，也是重耳母亲的娘家。

公子夷吾也想逃往翟国，手下大夫郤芮说："重耳在翟国，您再逃过去，晋军势必讨伐翟国，翟人必然害怕，你们兄弟一个也逃不掉。不如逃往梁国，梁国虽小，地近秦国，秦国强大，主公一旦去世，可以请求秦君送您回国。"

郤芮颇有眼光，去梁国果然为公子夷吾赢来转机。

晋献公病重，心知贵族大夫们对新立的太子奚齐不满，担心发生变故，将年幼的太子托孤荀息，荀息向晋献公保证："若事情不成功，我以死谢罪。"

晋献公令荀息为相，辅佐新君，安心地死去，不想尸骨未寒，原太子党的大夫里克和丕郑纠集三公子的党羽发动政变，杀死奚齐。荀息只好拥立骊姬妹妹所生的小公子卓子为君。里克一不做二不休，闯进朝堂，再次诛杀卓子，连弑二公子。荀息无奈自尽而亡。荀息原本不必去死的，里克动手之前和荀息商议过，荀息为晋献公面前许下的诺言坚决不从，而奚齐一党的实力又远远不如里克。眼见二君惨死，自己无能为力，除了死什么都做不了。《左传》引用《诗经》评价荀息："白圭之玷，犹可磨也；斯言之玷，不可为也。"错误的承诺一旦做出就不好改了。荀息的后代很厉害，晋国六卿独占其二：中行氏和智氏。

骊姬姐妹的命运史家未表，覆巢之下，安有完卵，想来也都死了。

晋献公的儿子们都被骊姬赶到国外去了，里克和丕郑商议立新君，丕郑说：“先君的儿子们当中重耳人望最高，但是我们要拥立威望差的，这样他能给我们的酬劳高，也会依靠我们。”里克不同意，他弑君不为自己，而是为前太子申生复仇、为除掉骊姬安定民心，如果牟取私利，那做这些还有什么意义？

于是里克派人去翟国迎重耳归国为君，没有想到重耳不来。重耳有重耳的想法，里克他们连杀两位新君，穷凶极恶，自己去了保不准成为他们的傀儡。

重耳不回，夷吾想回。

## 夷吾不简单

公子夷吾是个富有冒险精神的人，明知山有虎，偏向虎山行。夷吾一边联系里克，承诺当国君之后将汾阳封给他，另一边派郤芮去秦国拉外援。

秦穆公问郤芮：“你们公子有何实力？”秦穆公老奸巨猾，扶持他国国君不是件小事，如果所助之人当不上国君，岂不与晋国成了仇敌。

郤芮说：“我们公子没有党羽，不喜欢好勇斗狠。若能归国为君，愿割让河西土地作为酬劳。”

秦穆公手里不止一个人，还考察过重耳，只是重耳明确回绝了秦国的帮助。

秦穆公问大夫公孙枝：“夷吾能镇得住晋国吗？”

公孙枝说：“夷吾生性多疑又好胜，未必能镇得住晋国，但和我们秦国有什么关系呢？”

秦穆公深以为然，对秦国来说，晋国乱未必是坏事儿，反正河西土地到手。

得到秦国和里克支持的公子夷吾回到晋国为君，是为晋惠公。

晋惠公一登基就翻脸，把帮助过他的秦穆公和里克都骗了。先以里克等大夫的名义反对割地给秦国，让里克最重要的同党丕郑作为使者去秦国道歉，而后在郤芮等人的支持下逼死里克。晋惠公杀里克时传话说：“没有你，寡人做不了国君，但是你弑二君一大夫，做你的国君太难了。”这话说得特伤人，里克一声叹息：“奚齐、卓子不死，你能当上国君吗，欲加之罪，何患无辞。”里克挥剑自尽。

晋惠公除掉里克，身在秦国的丕郑意识到被骗了，向秦穆公支招，吕甥、郤芮是夷吾的死党，只要将他们骗到秦国来，我保证能将夷吾赶走，一起拥立公子重耳。

本来对夷吾出尔反尔不满的秦穆公大喜，主意不错，依计而行。秦使跟随丕郑来到晋都，没有表露出对不割地的不满，反倒送给吕甥、郤芮等人厚礼，希望他们能访问秦国。吕甥、郤芮都是人精，一见秦国送的厚礼，明白丕郑出卖了他们，去秦国怕是有去无回。晋惠公再次抢先下手，诛杀丕郑及其党羽，七名主管兵车的大夫被杀，这些人都是前太子申生的部众。

至此，秦晋两国结怨。

其间又发生了一些不开心的事儿。晋国遭灾向秦国借粮，秦国借了；等秦国遭灾向晋国借粮，晋国不借。

公元前645年，秦晋之间的韩原大战爆发。秦军三战三捷，东渡黄河，将战线推进到韩地（今陕西韩城）。

晋惠公问群臣：“秦军深入国境，怎么办？”

大夫庆郑一脸不高兴地说：“都怪你，借秦国的力量即位却毁约。我国有饥荒，秦国借粮，秦国有饥荒，你不借粮。人家打你，不应该吗！”

晋惠公怒道：“庆郑不逊。”成语“出言不逊”典故便出于此处。

既然自己惹的祸，那就御驾亲征。占卜确定车右人选时恰恰选中庆郑。一辆战车三名作战人员，按左、中、右排列。左边弓箭手称车左，右边甲士执戈矛等长武器，主击刺，称车右，中间车夫。假如国君在车里，国君居中，车夫居左，车右不变。车右是最荣耀的职务，既是战士，又是保镖，还是参谋，所以才需要郑重地问一下上天和祖宗的意愿。

刚骂了庆郑出言不逊，晋惠公懒得见他，一声换人，让家仆徒当车右。

战车的御马选郑国进口的宝马良驹小驷。看着威猛强壮的战马，庆郑又说话了，打仗不能用进口马，要用自家的马，自家马适应水土，熟悉地形，进口马貌似强壮，一旦遇到问题易受惊吓，到时悔之莫及。晋惠公根本不听。

秦晋两国对阵韩原，秦穆公亲自击鼓，一通鼓响，两军厮杀在一处。晋惠公的战车左冲右突，十分威猛，不想被庆郑猜中，进口的小驷马不熟悉地形，陷入一片泥泞中出不来。正巧庆郑的战车从旁边过，晋惠公大呼求救。庆郑看得好笑，不听好人言吃亏在眼前，冲晋惠公喊道：“我不让您坐小驷马您偏坐，占卜让我当车右您也不听。刚愎拒谏，违抗占卜，您本意就是求败来了，何必逃呢？”说完驾车掉头走了。

庆郑心中有怨气，不理睬晋惠公，不代表不想救他，庆郑去喊别人了。大夫韩简正在围攻秦穆公，将要擒获之时听到呼喊，急忙舍了敌人来救晋惠公。此时一群曾经受过秦穆公恩惠的野人杀到，秦军有了帮手士气大振，一鼓作气大败晋军，擒获晋惠公。

这帮野人是群盗马贼，偷吃了秦穆公的骏马，秦穆公不但没追究，反而给他们送去美酒，说吃马肉不喝酒伤身体。这帮野人深受感动，主动帮秦军战斗。

韩原之战并非一边倒，战斗相当激烈，秦穆公差点儿被擒，只是运气好一些。

秦穆公将晋惠公带回秦国，本想杀了他，夫人穆姬出来求情，穆姬是太子申生一母同胞的姐姐，也是晋惠公夷吾的姐姐。

秦穆公不杀晋惠公并非仅仅因为夫人的原因，秦国君臣认识到杀了晋惠公有可能激怒晋人，导致两国关系恶化，成为世仇。不如趁机要来河西之地更为划算。

晋惠公被释放回国，河西之地丢了，太子圉入秦做人质，秦穆公则将自己的亲女儿怀嬴嫁给太子圉。

消息传到晋国，有人劝庆郑跑路，庆郑不走，说自己不是故意不救国君，但国君因此被俘，自己有罪，若再逃跑就是罪上加罪，这不是人臣作风。归来的晋惠公果然杀了庆郑。

庆郑明知死路一条不避罪的光明磊落，太子申生不逃死的高风亮节，正是这些品德高尚、视死如归、公心盖过私欲的人成就了晋国，也书写了春秋一页页华章。

晋惠公病重，身在秦国做人质的太子圉听到这则消息，打算带上妻子怀嬴一起逃回晋国。他并不是想赶回去照顾父亲，只是担心君位旁落。晋惠公不只有他一个儿子，其他儿子都在绛都尽孝呢。万一父亲一死，远在秦国的自己会不会被忘却。

怀嬴拒绝和夫君一起走，说:“您是晋国太子，却待在秦国蒙受屈辱。您想回国理所应当。国君派婢子来服侍您，目的就是想拴住您的心。您走吧，我不会离开父母跟您走，也不会把这件事说出去。”

怀嬴与太子圉的婚姻自然是一桩政治婚姻，五年的相处两人多少也会有一些感情，太子圉打算带上怀嬴一起走，说明心中有她，怀嬴不肯泄露太子圉回国消息也证明有感情在其中。但两人都不会为对方牺牲，太子圉不肯为怀嬴而留，怀嬴也不肯和太子圉同去，所以二人之间没有割舍不断的爱情。

太子圉为何要不辞而别？

秦穆公将心爱的女儿许配给他，等于承认太子圉的晋君之位，必然会帮他。太子圉实在没有必要偷偷摸摸地跑，光明正大提出来，想来秦穆公也不会为难他。太子圉还是少年心气太足，缺少沉稳和心机。秦晋两国关系并不好，尤其在韩原大战晋惠公被俘受辱，被迫割地送人质后。秦国人势必轻视太子圉，太子圉的母亲是梁国人，而梁国又被秦国所灭，秦人越发轻视他。连怀嬴都说，太子圉在秦国受辱。心高气傲的太子圉自然愤愤不平，他原本就是太子，也不想依靠秦国帮助夺位，只要回国就会名正言顺地继位。

太子圉顺利逃回晋国，第二年得偿所愿当了国君，是为晋怀公。

太子圉逃跑，秦国上下非常气愤，联想到其父晋惠公多次对秦国背信弃义的行为，秦穆公决心给晋怀公一个教训，沉寂江湖二十载的重耳终于重返历史舞台。

第十三章

# 流亡霸主

晋文公重耳告别钟鸣鼎食、烈火烹油、鲜花着锦的贵公子生涯，踏上流亡的旅途，整整一十九年，辗转漂泊大半个中国，颠沛流离，尝尽世间种种酸甜苦辣。归国后选贤任能，联秦合齐，保宋伐郑，勤王事于洛邑，败楚军于城濮，盟诸侯于践土，开创晋国百年霸业。

孔子评价春秋两位霸主时说，“晋文公谲而不正，齐桓公正而不谲”。晋文公为人权诈而不正，齐桓公为人正而不诡诈。同样尊王攘夷，同样称霸业于诸侯，孔子为何有不同的评价，来看一下重耳的传奇人生。

## 流亡生涯

重耳成长时的晋国已呈厚积薄发之势，父亲晋献公诡诸尽灭公族，攻占骊戎、耿、霍、魏等国，击败狄戎，用假道伐虢之计灭亡中原强敌虞国与虢国，史称其“并国十七，服国三十八”。疆域极大拓展，俨然有直追春秋霸主齐国的气势。

晚年的晋献公宠爱骊姬，逼死太子申生，重耳逃到蒲城。蒲城是重耳的守地。晋献公诛灭公族之后不再给公子们封地，为了让骊姬之子奚齐顺利继位，让太子申生、公子重耳和公子夷吾分别守卫曲沃、蒲城和屈城。

晋献公派寺人披率军攻打蒲城。蒲城的国人们想抵抗，重耳不许，下令说，君父的命令不能违背，谁抵抗君父的军队，谁就是我的敌人。不抵抗不代表束手就擒，重耳准备逃亡，只是没想到寺人披来得太快，当天杀进城来。重耳仓促间翻墙逃跑，随后赶来的寺人披手起剑落，剑影闪过，斩断重耳的衣袖。

剑下侥幸逃得性命的重耳来到晋国边境线上，身边随行者数十人，皆是忠肝义胆的贤能英才。

重耳的年龄有争议，《史记》认为重耳逃亡时四十三岁，《左传》和《国语》则记载为十七岁。我倾向于相信《左传》和《国语》，因这种说法更符合逻辑，能与当时的一些史实和人物契合。

重耳天生异相，骈胁重瞳。重瞳无须解释，楚霸王项羽亦是重瞳，应该属于一种眼睛疾病，并不妨碍视力。骈胁有两种解释，一种说是肋骨紧密相连如一整体，会影响呼吸，属生理畸形。另一种说法是肌肉健壮不显肋骨。《史记·商君列传》载，商鞅出行时，“多力而骈胁者为骖乘，持矛而操阘戟者旁车而趋”。孔武有力的甲士为车右陪乘警卫，持矛挥戟的武士在车旁跑步跟随。

重耳被人称为异相，自然不可能呼吸困难，有遗传疾病，必然是肌肉发达，威武雄壮的美男子，否则曹共公不可能去偷窥人家洗澡，从另一个角度也证明重耳年龄不大。如果是一个呼吸困难病恹恹的小老头儿，曹共公再好奇也提不起兴趣来。

重耳自幼好学，喜欢交朋友，十七岁时身边已经聚集了大批的贤能士人，跟随逃亡的数十人大多是有家庭有财产的贵族士人，其中五人卓尔不群才能出众，分别是狐偃、赵衰、魏犨、先轸、贾佗。

狐偃和狐毛是重耳的舅舅。晋献公娶大狐姬生重耳，狐氏一族从戎入晋，狐家帮助重耳理所应当。狐偃，属于军师级别智多星似的人物。

赵衰，被人称为冬日暖阳，诚信君子，西周大夫叔带子孙，嬴姓，周幽王时叔带来到晋国发展，始建赵氏。赵氏家族选择赵衰侍奉群公子，据说赵衰用占卜手段决定侍奉谁，占卜显示重耳吉利。这说明晋献公时诸公子之争日趋明显，各大家族都在选边站，各处投机。赵氏跟对人，日后勃然而兴。

魏犨，武力见长，魏氏毕万之子。

先轸，军事天才，先氏家族中人。先氏依附太子申生，先友为申生的车右，先丹木（一说先轸的父亲）为太子申生麾下的将领。

贾佗，晋国公族。此外还有胥臣、颠颉、介子推等人。

重耳与众人商议去哪里，占卜显示应该去齐国或楚国。狐偃认为齐、楚两国离得太远，不如先去狄国暂避。狄国是重耳母亲的故国，也是狐偃父亲的故国。于是，众人赶往狄国。狄人很欢迎重耳一行人，大家住得也不错，重耳还娶了一个媳妇。

狄人攻打咎如抓获叔隗、季隗两姐妹。咎如是赤狄的一支，重耳母亲家是白狄。狄人将两姐妹献给重耳，重耳娶了季隗，将叔隗嫁给赵衰。季隗给重耳生了两个儿子，伯儵和叔刘。叔隗给赵衰生了一个儿子，就是日后大名鼎鼎的赵盾。主仆同娶姐妹，有如当年的孙策与周瑜同娶江南大小乔，可见重耳与赵衰的亲密。

五年一晃而过，晋献公病死，里克弑杀二君派人请重耳归国为君，重耳听从狐偃的建议，担心成为傀儡，拒绝回国，成全了公子夷吾。事后看，重耳错失良机，里克并非很难对付的穷凶极恶之人。这一决策让重耳多了十几年漫长的等待与折磨，但也磨炼了重耳的意志。

又过了七年，韩原大战晋惠公夷吾被秦人俘虏，威望大减，担心兄长重耳趁机夺取君位，派寺人披率勇士去狄国行刺。听闻消息的重耳心中愤愤不平，当年若非自己主动拒绝回国，哪里轮得到夷吾做君主，做了君主非但不感谢反而还来杀我。

晋惠公的刺杀行动激怒重耳，众人重新看到希望，他们跟随重耳可不是为了找个偏僻小国度过余生，都是想干一番大事业的人。

狐偃说，“狄国只是暂时避难之所，而非成就大事的地方。如今齐侯已近暮年，心中必然想念当年的盛况，人到晚年容易相信他人，此时前去投奔，必定会得到齐侯的帮助”。

重耳已经在狄国生活了十二年，妻儿绕膝，若非晋惠公的刺杀行动，重耳那颗雄心怕已在柔情与亲情中泯灭。

夫妻即将分别，重耳对妻子季隗说，“今日一别不知何时才能相见，等我二十五年，如不归来，随你嫁人”。

季隗苦笑道，“我今年二十五岁，再等二十五年嫁人，行将就木，您放心，我不会嫁人了，就等你”。

这个故事从另一个侧面可以考证重耳的年龄，如果从晋国逃亡时四十三岁，那准备离开狄国时五十五岁，一个五十五岁的老人要求季隗等自己二十五年，等八十岁来接她，对自己的寿命也太自信了点。古代，人生七十古来稀，活过七十岁的人很少。故而，重耳十七岁来到狄国的概率更高，离开时二十九岁，风华正茂。

一行人收拾行囊，再度出发，向传说中的繁华之都临淄进发。

## 志在四方

齐国离狄国路途遥远，相隔两千余里，重耳一行人从黄土高原一路跋涉，越过太行山来到卫国。

好鹤的卫懿公时狄人入侵导致卫国都城被毁，国破家亡，卫文公痛定思痛，奋发图强，发展经济，整顿军备，准备与狄人开战复仇，没心思接待重耳。再者重耳一帮人从狄国来，狄人与卫人血海深仇。虽说攻破卫都杀人放火的狄人是赤狄，并非重耳母家的白狄，反正都是狄人，不受待见。

卫人不管饭，众人只得悻悻离开卫都，走到五原地界已是囊中空空，饿得不行，碰巧路边田间有几个野人正在吃饭，重耳只能命人化些斋饭。野人不是野蛮人，是郊外农民。前文说过，春秋都鄙制，城里的叫国人，城外的叫鄙人，因在田野劳作又叫野人。

几个农夫可能瞧不上这一队穿着陈旧贵族衣服的流浪汉，心想都落魄到这种境地还不肯自食其力。当狐偃端着碗来乞食时，农夫捡了一个土块扔进去。重耳气坏了，堂堂晋国公子，受卫君的气倒也罢了，还要受你们这群野人的气，随手抄起鞭子跳下车过去抽人。赵衰急忙拦住，说道："公子，这是上天的赐予，天意啊。"重耳手握皮鞭越发糊涂，什么天意？赵衰解释说："土块意味着将来您将拥有国土，还不拜受。"

重耳最大的目标就是回到晋国做国君，听闻此言，转怒为喜，放下鞭子，整理衣袖，恭恭敬敬地趴在地上，行稽首礼，接过狐偃碗里的土块放置车中，在农夫们错愕的目光中登车离去。

缘没化到，饭还是要吃的，大家只能挖野菜打野兔。野菜吃不惯，野味不是一时半会儿能猎到的，重耳肚子饿得咕咕叫，此时介子推怀抱一大罐肉汤跑来献给重耳吃。重耳吃得津津有味，心满意足。事后有人告诉他，介子推割下自己大腿肉做肉汤。这就是历史上著名的介子推"割股啖君"的故事。重耳大为感动，感动也只是一瞬间的事儿，没过多久就忘记了。后来，介子推不屑与邀取利禄的狐偃等人为伍，隐居绵山被烧死，后人特意过寒食节纪念他。

饥一顿饱一顿的队伍继续艰难前行，日复一日，终于来到东海之滨的商业大国，齐都临淄的富庶繁华让众人大开眼界。

经过十数代人近四百年的苦心经营，尤其是齐桓公和管仲四十年来的不懈努力，临淄不仅是当时中国，甚至是全球最伟大的城市，毫不逊色于同时代古希腊的雅典。西北的昆山之玉，楚国的江汉之珠、熊掌鹿角，晋国的宝马狐裘，郑卫的音乐器具，齐缟鲁纨，市场中一应俱全。街头人头攒动，衣袂相接，吹竽鼓瑟之音，弹琴击筑之声，斗鸡走狗，赌博游戏，一片欢声笑语。

齐桓公，当时的霸主，诸侯之长，对各国的流亡公子十分上心，不仅设宴款待，还送了二十乘车，又将宗室女子齐姜嫁给重耳。

重耳再次坠入温柔乡中。齐国的生活可比野蛮部落狄人的生活好太多，高贵典雅的齐姜比之野性十足的狄人女子季隗是两种完全不同的享受，公子重耳沉迷其中不愿醒来，再也不肯离开齐国。

五年后齐桓公去世，群公子争位，齐国大乱，国势衰落。跟随重耳的一行人发现齐国已经没有能力帮助重耳返回晋国，劝重耳离开，重耳不打算再过流亡的生活，想终老齐国。重耳可以做个贵族大夫，在齐国无忧无虑快快乐乐地生活一辈子，可狐偃那帮人不行，他们肩负着家族的命运，想依靠重耳更上一层楼。

狐偃、赵衰等人聚在桑树之下商议对策，研究怎样才能说服重耳离开，没有想到被树上采桑的养蚕女听到，养蚕女急忙向齐姜告密，本以为能讨些赏赐，谁知却丢了性命。齐姜杀了养蚕女。祸从口出，不该说的话不能说。

养蚕女以为齐姜不希望丈夫重耳远走，却不料齐姜并非一般女子。

齐国宫室出美女，巧笑倩兮美目盼兮的庄姜，兄妹乱伦的文姜，新台纳媳的宣姜，庆父的情妇哀姜，皆为一国夫人，都不是省油的灯。齐姜有庄姜之美，更有文姜的见识。

齐姜对重耳说，“有人对我说，您的随从想要同您一起离开齐国，您放心，知道这个秘密的人被我杀了。您听从他们的，不要犹豫，犹豫之人无法完成天命”。

重耳奇怪地望向齐姜，哪有妻子赶丈夫走的道理，除非妻子不爱自己的丈夫，或者探自己的话。齐姜看出重耳的疑惑，继续说，“您从晋国逃难到这里，晋国连年不宁，晋国先君也没有其他儿子，拥有晋国者除您之外还有谁？上天选中您，迟疑会有灾祸”。

齐姜对政治很敏感，秦晋韩原之战晋惠公被俘威望不如从前，如今又传出晋惠公生病的消息，晋国要变天，这是重耳最好的机会，齐国内乱不能帮忙，只能出去找新的帮手。

重耳厌倦了，厌倦了居无定所的漂泊，居狄国蛮荒之地十二年，其后困顿不堪，穷困潦倒，差点饿死在路上。好不容易过了五年锦衣玉食的幸福日子，怎么能再去过颠沛流离的流亡生活。重耳严词拒绝，“我不走，哪里也不去，必死于此”。

齐姜又劝，《国语》详细记载了齐姜劝重耳打起精神再上路，谋取君位干一番大事业的发言。引用《诗经》《周诗》《郑诗》上的诗，援用商朝和晋国的典故，鼓励夫君不要随遇而安，不要贪图享受，岁月匆匆，人生苦短，要及时奋发，敬畏天命，志在四方，不要辜负忠心耿耿的臣子们，要救晋国民众于水火，不能轻言放弃，放弃就不是人了。

齐姜真是不简单，博古通今，侃侃而谈。

重耳一句也听不进去，这些话听得太多，耳朵都起茧子了，这正是那帮人给他灌输了十多年的大道理。重耳心想，到底是真心为我还是为你们自己？

齐姜只好拿出撒手锏，使出柔媚的功夫与重耳对饮，不走就不走吧，今朝有酒今朝醉。心中郁闷的重耳喝得酩酊大醉。齐姜赶紧找来狐偃、赵衰等人，众人将重耳抬上马车，连夜逃出临淄。每个成功的男人背后都有一个伟大的女人，齐姜算一个。如果齐姜留下重耳，春秋的历史大概会重写。

日上三竿，众人早已远离临淄，重耳睁开蒙眬睡眼发现自己置身于旷野之外的马车上，半晌才弄清楚怎么回事儿。重耳暴起，抄起长戈跳下车来追杀狐偃，大叫，“若大事不济，我就是吃了舅舅的肉也不解恨”。狐偃边跑边说，“若大事不成，我还不知身死何处，谁能与豺狼争抢我的肉。若大事可成，公子有晋国最美味的佳肴，又怎么用得上狐偃腥臊的肉呢”。

重耳一声长叹，掷长戈于地，这就是命啊。回是回不去了，没办法向齐孝公解释，只好硬着头皮走向未知的前方。

去哪呢？

宋国！

齐桓公一直认为宋襄公能接替自己的霸业，很多人这么看，重耳等人也不例外，一路向南，取道曹国去宋国。

到了曹国发生了一件有趣的事儿，曹共公偷窥重耳洗澡，史书记载想看“骈胁”，骈胁有两种不同的解释，并生的肋骨和强壮不显肋骨的肌肉，个人倾向于第二种，曹共公喜欢强壮的肌肉男。

大夫僖负羁劝曹共公不要做不合乎礼仪的事儿，以礼相待晋公子。曹共公不听，跑去人家馆舍偷窥，结果被发现，引发重耳的愤怒。僖负羁回家将此事告诉妻子，妻子大呼不妙，说重耳这些人有才干、有毅力、有决心，他若回到晋国必成大事，一旦兴师问罪，曹国首当其冲，您最好早做准备。僖负羁赶紧带上美食和玉璧去拜会重耳。重耳收下食物，退还玉璧。世事洞明皆学问，僖负羁日后因此逃过一劫。

重耳一行人来到宋国。泓水之战刚刚结束，宋国元气大伤，身带箭伤的宋襄公依然强打精神以国礼招待重耳。席间宋国的大司马公孙固对狐偃说，“我知道你们想做什么，宋是小国，最近吃了败仗，没有能力帮助你们，你们应该选一个大国”。

公孙固口中的大国指向楚国，重耳等人实在没办法，只得将希望寄托在曾经被中原列国称之为蛮夷的楚国身上。

宋襄公见重耳要走，资助二十辆马车，与齐桓公当年的赠予相同，不得不说宋襄公大气。二人依依惜别。这一次宋襄公大赚一笔，二十辆马车一顿酒席换来卫国近一半土地。重耳称霸之后救了宋国，国际争端处处向着宋国，可惜宋襄公第二年箭伤发作死了，未能看到结下的硕果。

## 退避三舍

去楚国途经郑国，郑文公也不待见重耳，大夫叔詹说，“晋公子有贤能，那些跟从他的人皆为栋梁之材，况且他与我国同姓，须以礼相待”。郑文公哼了一声，“诸侯国流亡的公子多了，哪能都以礼相待”。叔詹说，“君上若不能以礼相待，不如将他们都杀了”。不得不说，叔詹看人很准，前者说楚成王不能善终，这次看出重耳是个恩怨分明睚眦必报之人。可惜郑文公根本没将重耳放在心上，既然瞧不起又怎么会杀。

吃了闭门羹的重耳继续南下，经过长途跋涉来到江汉，令他们没想到的是受到热烈欢迎。楚成王以诸侯之礼招待重耳，把重耳当成诸侯对待，重耳非常感激，宴席之上酒过三巡，楚成王问道：“公子有朝一日返回晋国，拿什么来报答我呢？”

楚人说话就是直接，公开索贿，同时表明有帮助重耳回国的意思。重耳不像弟弟夷吾上来就割地，画个大饼扔过去，最后却做不到。君子守信，说话要算数。重耳回答说：“羽毛象牙皮革都是贵国所产，美女珠玉绸缎您又不缺，我想不出拿什么来报答您。”楚成王继续逼问道：“尽管如此，总得拿些什么来报答我吧。”

重耳喝了不少酒，酒壮英雄胆，豪言道：“若托君王福泽得以返归晋国，不得已与君王以兵车相会于平原广泽，请允许我退避三舍。若得不到您退兵的消息，只好左执鞭弓，右挂箭袋，与君周旋。”

话说得大气豪迈，首先以国君自居，然后说到两国交兵，报答就是退避三舍，如果您不见好就收，就继续打。

此言一出，满座皆惊。三舍，九十里。古兵法讲，为表示礼让，追赶主动退却的敌军不超过九十里。重耳说退避三舍，就是主动输一次作为报答，但后面的话比较伤人，第二仗就不让着您了。

或许是长期寄人篱下的自卑心理养成的狂傲性格，又或者一直心存称霸天下的野心酒后吐真言，可是要知道现在的重耳不名一文。

果然，楚国令尹成得臣听不下去。泓水大战胜利后斗谷於菟主动请辞，将令尹之位让给成得臣。成得臣正处于事业的鼎盛期，容不得小人冒犯，大怒，我赫赫大楚还要你小子让，劝楚王把这疯子杀掉算了。

楚成王显示出不同常人的襟怀，“晋公子志向远大，生活俭朴，言辞文雅又合乎礼仪，他的随从恭敬宽厚忠诚尽力。晋侯身边则没有亲近的人，国内外都厌恶他，晋国怕要靠晋公子振兴。既是天意，岂可违背”。

楚成王不再提送重耳归国之事，谁肯费九牛二虎之力最终得来不过让一子的报答，重耳在楚国待得倒也惬意，终日游猎宴饮，看尽南国江泽风光。

同年晋惠公去世，从秦国逃归的太子圉继位，不久，秦国的使者来到楚国。

秦使带来秦穆公热情洋溢的信笺，真诚地邀请重耳去秦国做客。

楚成王找来重耳说，公子的机会来了，楚国离晋国路远，相隔好几个国家，秦晋接壤，如今的秦君贤德，必能送公子归国。

楚成王认定重耳能归国为君，厚礼相赠，只是他并不知道西行远去的一行人最终打破了他称霸中原的迷梦。

## 怀嬴再嫁

重耳来到流亡的最后一个国家秦国，见到秦穆公。春秋五霸，重耳见其三，齐桓公、宋襄公和秦穆公，再加上争霸失败的最大对手楚成王，接触到春秋时代最顶尖的政治人物，领略到他们的风采，见识到他们的一言一行，重耳收获满满，不虚此行。

秦穆公表现出极大的诚意，一见面就送了五个女子给重耳，这五个女子都是秦国宗室之女，皆为嬴姓，其中就有秦穆公的女儿怀嬴，太子圉的妻子，重耳的侄媳妇。秦穆公迫不及待与重耳联姻，透露出强烈的信号，秦人会帮助重耳回归晋国。

大婚之日，重耳十分开心，不想乐极生悲，进行到沃盥这一环节，发生了一件意外的小插曲。怀嬴端盆子伺候新郎盥洗，重耳洗完手不用手巾擦，随手一挥，水珠溅到怀嬴脸上。重耳经历过一段流亡的日子，不像那些常年在家循规蹈矩、注重礼仪、养成生活好习惯的贵族，生活习惯比较随意。本是无意之举却刺激了怀嬴那颗敏感的心。怀嬴是二婚，被男人抛弃过，而且以前的丈夫就是眼前这个男人的侄子。

周礼婚姻程序比较烦琐，婚前讲究六礼，纳采、问名、纳吉、纳征、请期、亲迎，如今一切从简，直接把人送过来。秦穆公想尽快拉近与重耳的关系，而怀嬴的二婚身份是个障碍。

怀嬴自卑，正担心被新老公瞧不起。重耳的无礼举动越发证明了心中的猜想，于是盆子一丢，眼圈泛红，羞怒道："秦晋两国地位相等，为何如此轻贱于我！"

这一下把重耳吓得不轻，他不是怕老婆，而是怕怀嬴去秦穆公那里告状，说坏话。行百里者半九十，眼见成功在望，不能因为一件小事而断送。重耳先下手为强，脱去礼服将自己关在小黑屋里，先自罚，听候秦穆公的发落。

秦穆公听闻此事，赶来见重耳，温声细语安抚，“寡人嫁女给你，此女最有才能。子圉在秦国时曾备女官之数，如今与公子成婚，又怕她曾是子圉的妻子而让您遭受不好的名声，除此之外，别无他故。我不敢以正式的婚礼把她嫁给你，正是喜爱她的缘故。公子此次受辱，是我的罪过，如何处置，全凭公子之命”。

史书并未记载重耳之前知不知晓怀嬴是他侄媳妇，但此次谈话之后知道了，秦穆公说得非常客气，之所以不让你明媒正娶大操大办，就是为了照顾你的名声，也因为我实在喜欢这个女儿。既然发生这样的事儿，一切罪在我，怎么办你说了算。

春秋时代的贵族婚姻第一目的不是恋爱，也不是繁衍后代，而是政治和经济的利益。先结婚后恋爱，恋爱不成，跟不喜欢的人生活在一起也没办法，一切为了家族利益。

重耳与怀嬴之间的婚姻障碍只有一个问题：伦理。

球踢到重耳这边。公子圉如今已继承父亲的君位，是为晋怀公。娶国君夫人，而且还是侄媳妇，伦理上说不过去。重耳想拒绝，但是这么大的事情需要征求一下大家的意见。

第一个说话的是胥臣，先说了一通同姓不婚的大道理，然后点出重点，您与子圉已形同路人，不再是亲戚。娶他抛弃的人成就大事，不亦可乎。

重耳将目光转向狐偃：“你觉得呢？”

狐偃回答得更加干脆利落：“您都要夺取人家的国家了，娶他妻子算什么！必须听秦国的。”

重耳还是不死心，又问赵衰：“这么做好吗？”

赵衰有学问，引经据典道：“《礼志》中说，‘将有求人，一定要先接受别人的请求。要人爱自己，一定先爱人。要别人听从自己，一定先听从别人的意见。对人没有恩惠，却想求助于人，这是罪过。’您现在有求于人，与秦人联姻，接受他们的恩惠，爱他们，听从他们，这么做犹恐不及，怎么还迟疑呢！”

这三个人是众人中最有谋略、最有威信、最有文化的，异口同声，斩钉截铁地让重耳娶怀嬴。

这件事真的毫无瑕疵吗？当然不是，在当时那个时代本身就是乱伦之举，但大家想的不是道德，是利益，得到秦人的帮助，助重耳登上国君之位，才能跟着鸡犬升天。

别看秦穆公说得客气，此事由重耳来定，一旦重耳不娶他的女儿，恐怕就是另一张面孔。

后来重耳回到晋国成为国君，第一时间前来迎娶怀嬴，不再计较自己的脸面，给了怀嬴一个正式而又完整的婚礼，算是给足秦国面子，又换来秦人的三千甲士。那时起，怀嬴就变成文嬴，成为重耳的第一夫人。

另一种说法认为怀嬴不是文嬴，只是宗室之女，文嬴才是秦穆公女儿。如果是两个人，不用这么复杂，不用这么兴师动众，不让怀嬴嫁就是了嘛。

重耳又娶了五个美女，人生大赢家，流亡生涯受的苦累又一次得到补偿。一路走来，娶了七个妻妾。

婚事定下，秦穆公和重耳这对翁婿进入蜜月期，秦穆公为重耳举行了一场盛大宴会，以诸侯之礼相待，郑重定下送重耳归国的大计。

宴会开始，秦穆公赋诗《采菽》，“采菽采菽，筐之莒之。君子来朝，何锡予之？虽无予之？路车乘马。又何予之？玄衮及黼。”采菽之诗是天子赐诸侯命服时用的音乐，秦穆公用此音乐即承认重耳晋国国君的身份，暗示会助重耳夺位。

重耳听闻当即降阶拜谢，秦穆公也下阶辞谢。重耳再次登堂，赋诗《黍苗》。赵衰在旁说道，“我家公子仰慕君上，若黍苗盼佳霖，使黍苗成为嘉谷，都是您的功劳。若君上能效先君荣耀，东渡黄河，辅助周室，我家公子得以回国，怎么敢不追随您呢，到时四方诸侯谁敢不从”。

赵衰直截了当，敞开天窗说亮话，当众明确提出请秦国出兵，愿尊秦伯为霸主。

秦穆公倒也没被拍晕，“这些都是晋公子所能获得的，哪能单靠我呢！”说罢赋《鸠飞》一首：“宛彼鸣鸠，翰飞戾天。我心忧伤，念昔先人。明发不寐，有怀二人。”秦穆公夫人为晋献公之女，重耳的姐姐，穆公以此诗暗示自己会站在姐夫的立场上帮助重耳返国。

重耳随即赋《沔水》一首，诗曰：“沔彼流水，朝宗于海。”以此表达对秦国的倚仗之意和仰慕之情，如同《鹿鼎记》中的那句著名的台词“我对阁下的景仰有如滔滔江水，连绵不绝，又如黄河泛滥，一发而不可收”。

这就是春秋时代的外交。春秋时代外交要赋诗，故而孔子才说：不学诗，无以言。

中国，诗的王国，礼仪之邦，源自于西周、春秋，那时的人优雅，富有诗意。

## 重耳归国

就在重耳和秦穆公紧锣密鼓地准备发动归国战争时，刚继位的晋怀公干了一件愚不可及的蠢事，加速了自身的败亡。

晋怀公继任国君后下达一道命令，逃亡在外的人到了期限不回来一律不赦免。他想瓦解重耳身边的人，但这种命令连晋惠公都不敢下，下了也没有用，不会有人回来。晋怀公招来狐突，让他叫回两个儿子狐偃和狐毛，否则杀了他。狐突说，“名字写上策书，献上礼物表明忠心，则是主人的人，背叛就是犯罪。如今臣儿子的名字在重耳那边有很多年了。如果召他回来，是教他背叛。父亲教儿子背叛何以事君？”

中世纪的西欧流行着一则规矩：“我的封臣的封臣，不是我的封臣。”可以总结狐突的话，他的儿子是重耳的封臣，不会听父亲的话，也不会听国君的话，这是分封制的原则。狐突懂这个道理，晋惠公懂，可惜年轻的晋怀公不懂。春秋君权有限，不能想干什么就干什么，不能由着性子胡来。晋怀公杀死狐突，同时也杀死君主与贵族约定俗成的契约。于是，贵族们纷纷跑到秦国向重耳效忠，劝重耳返国。

时机成熟！

公元前636年春天，秦穆公大起兵车，率军护送重耳回国。大军抵达黄河岸边发生了一个小插曲，狐偃突然从身上拿出一块玉璧交给重耳说，“自从跟随君上巡行天下，臣犯下很多罪过，这些事我还记得，何况君上？现在君上马上要归国，也用不着臣了，臣要走了，你我君臣一别二宽。”

狐偃跟随重耳一十九年，不离不弃，眼见大功告成却要功成身退，人品何等的伟大。

狐偃不是真要走，而是以退为进。狐偃是重耳的舅舅，有这层亲戚关系，流亡生活中多少放肆了一些，用他自己的话说，过错太多。重耳当了国君，哪天想起往事一生气打击报复怎么办。并非狐偃多虑，后来颠颉因过被杀，魏犫侥幸逃得性命，所谓共患难易，同富贵难。

这是狐偃对重耳的试探，也是一种预防，之所以献玉，白玉无瑕知我心。

重耳的反应很激烈，指着河水发誓，“河伯在上，若归国不能与舅舅一心，有如白水”。随即将玉璧投入河水中。

古人起誓、祭祀都要献上诸如牺牲、玉帛等信物，玉璧就是重耳与狐偃盟誓的信物。狐偃的目的达到了，介子推不开心，说了句贪天之功，意思是重耳能够回国为君不是你狐偃一个人的本事，是上天的功劳。从此之后，介子推离开队伍回家，过起了隐居的生活。介子推代表着中国士人阶层更高尚的品格，更独立的人格。功成身退，孤芳自赏，志士不饮盗泉之水，廉者不受嗟来之食。这是另一种人生态度。

大军渡过奔腾的黄河，一路所向披靡，围令狐，入桑泉，攻取臼衰，未遇到像样的抵抗，晋国贵族大夫们望风而降。晋怀公眼见大事不妙，派吕甥、郤芮率兵抵抗，自己逃往高梁观望战局。

吕甥、郤芮皆为晋怀公父亲晋惠公的铁杆部下，面对强大的秦军和重耳的感召力，驻军庐柳不敢出战。秦穆公派使者劝降，有秦人担保，两人动摇了，背叛晋怀公宣布投降。

秦军回国，重耳进入曲沃即位，是为晋文公。

晋怀公被杀死于高梁，吕甥、郤芮越想越害怕，怕晋文公秋后算账，决定冒险一搏，毕竟他们当初曾经害死的人太多，里克、丕郑、七舆大夫等，二人找来寺人披，谋划纵火焚烧宫殿趁乱杀死重耳。

谁也不曾想到，寺人披居然进宫求见晋文公。

重耳一听，寺人披竟然敢来，顿时大怒，派人出去骂："你当初在蒲城追杀我，斩断我的衣袖，衣服还留着呢。后来我在狄国避难，你又来刺杀。惠公命你三天动身，你一天就追来了，就这样，还有脸来见我，快走吧，趁我不想杀你。"

寺人披不走，站在宫外喊："小臣刑余之人，不敢用二心侍奉君主。我到蒲城，奉献公之命，到狄国，惠公所差。当时只知有君，不知他人。您归国之后难道没有要杀的人吗？当年管仲射中桓公的钩带，桓公不记一箭之仇，成就霸业。如今小臣有事见君上，君上不见，恐祸患降临。"

晋文公发现门外这个宦官不简单，说得句句在理，且话中有话，若有所指，便让他进来。寺人披将吕甥、郤芮的阴谋和盘托出。

晋文公吃了一惊，吕、郤二人经营多年，党羽众多，自己初来乍到，现在向二人问罪，势必激起一场大乱，鹿死谁手尚不可知。晋文公决定静观其变，悄悄离开宫室，躲到秦国去了。果然晋宫起火，吕、郤带着家族武装发动政变攻入宫中却没有找到重耳，只好撤出城来到黄河边，他们派人欺骗秦穆公说宫中失火，晋君已死，请求秦穆公另立新君。

秦穆公不动声色，将计就计，邀请吕、郤来秦，一网打尽。除掉反叛势力，晋文公带着文嬴重新返回晋国，秦穆公赠送三千甲士护卫。

为稳定晋国，晋文公决定大赦天下，不管晋国人以前跟过什么坏人，做过什么错事，自今日始，既往不咎。如何让国人相信晋文公真正不念旧恶、一视同仁呢？

一个最合适的人选送上门来，此人是重耳做公子时的侍臣头须。

重耳在国外流亡时，头须负责管理重耳的财物，有一天卷走财货潜逃，搞得重耳的流亡生活非常窘迫，否则堂堂晋国公子怎么会沦落到向乞丐讨饭吃的地步。

头须来了。重耳觉得这家伙比寺人披还可恶，寺人披追杀自己是因为忠于主人，头须的行为属于背叛。晋文公以正在洗头为理由拒绝接见头须。头须对仆人说，“洗头时心倒过来了，心倒过来意图就反了”。一语惊醒梦中人，头须是晋文公最恨的人，如果连头须都能原谅，国人自然会相信晋文公不念旧恶，人心也就安定了。于是，头须官复原职。

卷走主人的财物还能再次回到主人身边，头须真是个投机天才。晋文公当然不喜欢头须，但大的成功者要有包容天下的气度和襟怀，正是这份容人的气度成就了晋文公的霸业。

吕、郤两族发动叛乱，郤芮被杀，其子郤缺只得在家务农。胥臣路经冀野，看见郤缺在田间锄草，其妻送饭，夫妻二人相敬如宾，向晋文公推荐郤缺，认为他有君子之风。晋文公任命郤缺为下军大夫。

晋文公任命郤缺，并非看中他的才干，而是借此安抚吕、郤家族及其同党，你看，郤缺都出来做官了，你们怕什么呢？

晋国从此走上安定团结的道路。

当然，最大的获利者自然是跟随重耳跋山涉水十九年的流亡集团，狐偃、狐毛、赵衰、胥臣、先轸、贾佗、魏犨、颠颉……以及率先迎接重耳归国的栾氏家族，人人封地，个个高官。众里寻他，少了一位：介子推。

介子推不愿与贪天之功的人同流合污，归隐山林，不想晋文公火烧绵山，逼他出山，结果介子推愣是不出来，与老母相拥死于枯柳之下。《史记》《左传》均未记载火烧绵山的情节，只是说介子推终老绵山，晋文公圈山而封，改绵山为介山。

晋文公上台的同年周王室发生内乱，周襄王的弟弟太叔带与隗后私通，事发后逃到狄国，带着狄人的军队杀了个回马枪，周襄王逃亡郑国。晋文公看到尊王攘夷的机会，率晋军在温邑击杀太叔带，送周襄王回国。

事情发展到现在，一切非常圆满。晋文公尊王攘夷立了大功，接下来发生的事让人有些失望。晋文公趁机向周天子提要求，死后享受天子规模的葬礼。一个诸侯死后享受天子葬礼，无礼！上下有卑，等级不能乱。周襄王不同意，又不能得罪晋文公，说还是给你块地吧。于是将阳樊一带的土地划给晋国。阳樊人不服，不愿意接受晋国统治，因为晋文公要“大泯其宗祊，蔑杀其民人”。说晋人接管之后会拆了他们的宗庙，取消国人身份，赶到乡下种地。阳樊是周王室封地，国人都是周人几百年繁衍下来的后人，当然不愿意去做野人。晋文公怎么处理这事呢？晋文公首先承认阳樊人的抗议是君子之言，说得没错，然后派军队包围阳樊，开放人道主义通道让他们走人，愿意去哪做国人是你们的事情，这片土地是我的。

晋文公的所作所为和齐桓公形成鲜明对比，齐桓公是兴灭国继绝学，一心恢复旧有的秩序和文明，晋文公则是能占多大便宜占多大便宜。齐桓公真心尊王攘夷，管仲曾用“青茅之谋”帮助周天子解决财政困难。晋文公则是挟天子以令诸侯。不仅割周王室的地，盟会时怕诸侯不来叫周天子先来站场。

晋国的强大势必与北上的楚国发生矛盾，两国的战争一触即发。

## 城濮之战

公元前633年（晋文公四年），晋文公在被庐大阅三军，将父亲晋献公时代的两军扩张到三军。三军象征着晋国正式迈向大国行列。周礼讲，天子六军，大国三军，次国二军，小国一军。周王室衰落，形式上的六军都不存在。拥有三军的晋国可谓天下第一等军事强国。

郤縠统率中军，郤溱中军佐；狐毛统率上军，狐偃上军佐；栾枝统率下军，先轸下军佐。此之谓晋国的三军六卿，形成日后晋国的执政格局。

泓水之战后一直对楚国不满的宋国见晋国强大，背弃与楚国的盟约，迅速向晋国靠拢。宋国的行为触碰到楚国底线，楚成王与令尹成得臣率楚、陈、蔡、郑、许五国联军攻打宋国，包围宋都。宋国大司马公孙固亲自来到晋国告急求援。

先轸在朝堂之上大放豪言，“报施定霸，就在今朝！”报答宋襄公的赠马之恩，决定中原的霸业，就在这一仗了！

宋国离晋国毕竟千里之遥，有着漫长的补给线，晋军又是第一次进入中原打大仗，晋文公心里没有底。狐偃提出一个切实可行的军事计划：“楚国新近与曹国结盟，刚与卫国通婚，如果我们讨伐曹、卫，楚军势必来援，可解宋国之围。”

进攻曹、卫两国的军事计划妙在变被动为主动，曹、卫离晋国近，拿下两国既可保证军需供应，又能以逸待劳。这条计策其实就是“围魏救赵”。

攻打曹、卫两国正合晋文公心意，当初流亡之时卫文公闭门不见，曹共公偷窥自己洗澡，无礼之极，怎么能不教训教训。

师出有名，做事要有正当的理由，尤其发动战争，师出无名不得人心，无故打人乃强盗之举。

晋文公向卫国借道攻打曹国。

当年拒绝重耳进城的卫文公已经死了，卫成公即位，卫国刚与楚国通婚，自认为有楚国撑腰，况且曹、卫都是楚国集团成员，根本不买晋国的账。

晋国大军改从南津渡过黄河，由曹国境内攻入卫国，沿黄河北上一举攻占五鹿，正是当初晋文公向农夫讨饭的地方，旧地重游，昔年衣衫褴褛的流浪汉而今统率千军万马，意气风发。上天赐予的土块仍在车内。中原，我来了。

晋国三军兵车相连，旌旗蔽日，声势浩大，卫成公从没见过这般阵仗，原本以为晋国不过是太行山西边一个普通的邦国而已，没想到毫不逊色于当年鼎盛的齐国。卫成公请求与晋国结盟，被晋文公断然拒绝。晋军兵临城下引起卫国内乱，卫国贵族们索性将卫成公驱逐出国都，卫国不战而降。

卫国拿下，围攻宋都的楚军仍然没有罢手的意思，晋军继续南下包围曹国都城。

曹共公知道晋文公不会放过自己，率国人拼死抵抗。晋军遭遇到第一场挫折，攻城战不顺利，伤亡惨重。曹国人将晋军尸体摆放在城头来动摇攻城者的信心。晋文公急了，声言要挖曹人在城外的祖坟。

这种行为太过分，无礼之极。这就是晋文公与齐桓公、宋襄公的区别，晋文公做事不择手段，更不可能去打一场堂堂正正的战争。办法的确管用，吓得曹国人赶紧将晋军尸体装进棺材送出城来，晋军趁城门大开之际发动进攻，一举攻入城中。偷袭成功，晋文公再次不讲武德。

晋文公纵容晋军烧杀抢掠，但不允许骚扰曹国大夫僖负羁的家，来报答流亡之时的一饭之德。有人不听话，杀红眼的魏犨和颠颉不服气，有功之臣多了去，凭什么照顾送一顿饭的，故意纵火把僖负羁家烧了。晋文公大怒，下令处死颠颉，传首三军。颠颉可是跟随重耳流亡十九年的有功之臣，说杀就杀，毫不留情，不排除晋文公以此立威的心思。

本来魏犨也是要杀的，晋文公怜惜他是一员猛将，两军交战正是用人之际，让赵衰去观察一下魏犨的伤势，若伤势严重就不用留着了。魏犨识破晋文公的心思，包扎好伤口，强忍钻心的疼痛练了一套拳脚功夫保住了小命。

晋军攻卫伐曹忙得挺欢，围宋的楚军依然没有解围北上的意思。先轸献计，让宋国备些财物向秦国和齐国求救，让他们做说客劝楚国罢兵。在此期间，我们分一些曹卫两国的领土给宋国激怒楚国，楚国必不同意罢兵，就将秦国和齐国推到我们这边来，晋、齐、秦三国结盟，这场战争胜算就大了。

晋文公依计而行，果然收获齐国和秦国的支持，晋、齐、秦、宋结成同盟，对抗楚、郑、陈、蔡、许五国，两下对比，楚国一方已无优势。楚成王见没有胜算，率军回国，下令成得臣从宋国撤军。

楚成王派人对成得臣说，“晋侯在外流亡十九年返归晋国，历尽艰难险阻，上天为他开路，其势不可当”。不曾想到，成得臣傲慢自负，不听楚王命令，拒不撤军，派使者告诉晋文公，让卫侯复国，退归曹国土地，才可以解除宋围。

成得臣的计策不可谓不高明，一石二鸟，如果晋国答应要求，则曹、卫会对楚国感恩戴德。如果晋国不答应他的要求，那么曹、卫、宋三国将会怨恨晋国。

狐偃没看穿其中的利害关系，劝晋文公拒绝成得臣的建议。先轸洞若观火，“楚人一句话安定三国，您一句话丧失三国，不可取。不如答应楚国，让卫国复国，归还曹国土地，但有个前提，与楚国绝交，而后再扣押楚使，不愁楚人不上当”。

果然，收到曹、卫两国的绝交信，听说使者被扣的成得臣暴怒，解除对宋国都城的围困，率军北上，欲与晋军决一死战。

事情发展到这里，胜负已定。

晋军的战略目标实现，得到秦、齐两国支援，以逸待劳，迎击楚国长途行军的疲惫之师。

反观楚军，围宋都数月之久，久攻不下，师老兵疲，又要长途行军。此时卫、曹两国都投靠晋国，楚军反倒成了深入敌境的孤军。

公元前632年4月，北上的楚国联军与晋军相遇。晋军主动后撤九十里，退至城濮，实现当年晋文公与楚成王退避三舍的约定。

按古军礼，追赶主动退却的敌军不超过九十里。此时此刻，楚人可以骄傲地宣告这场战争的胜利。就在所有楚国将领都希望战争结束时，主帅成得臣却坚持要打下去。

春秋第一场大规模的战争拉开序幕。

成得臣派楚将斗勃来到晋营请战：“请与君之甲士来一场游戏，得臣陪君上观阵。”晋将栾枝来到楚营回话：“寡君知道您的意思，楚君的恩惠未敢忘，是以在此。既然大夫不肯退军，敢烦大夫告诉部下将士，驾好你们的战车，忠于你们的国事，明晨相见。”

次日凌晨，公元前632年4月5日。

双方大军浩浩荡荡地排开阵式，旌旗猎猎，战车滚滚，青铜交击，骏马嘶鸣，诸侯、大夫、甲士纷纷扬起家族的旗帜。

双方兵力相差不大，晋军一方，晋、齐、秦、宋四国联军，仅晋军就有七百乘兵车，兵力三万多人。楚军一方，楚、郑、许、陈、蔡五国联军，推算大约九百乘兵车，兵力四万多人。楚军在兵力上稍微占优。

晋国三军，因郤縠去世，中军主帅为先轸，郤溱为副；上军主帅狐毛，狐偃为副；下军主帅栾枝，胥臣为副。

楚军也是三军，成得臣自将中军，若敖六卒是若敖氏的家族私兵。子西统率左军，申邑之师，加郑、许之兵；子上统率右军，息邑之师，外加陈、蔡之兵。

晋国倾国而出，楚国有所保留，因楚成王不想战，所以楚军精锐并未全出，即使如此楚人也动用了大半兵力。

成得臣站在战车之上，得意扬扬地大发狂傲之言："从今日起再无晋国。"

很快成得臣就领教到晋人的厉害，不是所有中原国家都讲古军礼，晋文公也不是宋襄公。

原野之上，鼓声大震，杀声四起，战车奔涌。晋军下军佐胥臣率先发力，驾车的战马全部蒙上虎皮，选择楚军右翼最薄弱的陈、蔡军发动攻击，陈、蔡军队遭到猛虎袭击，本来战斗力就差，受到惊吓一触即溃，带崩了楚国右军。

对付楚国左军，先轸采取诱敌深入的战术。与楚左军对垒的晋国上军竖起大旗后退，拖曳树枝，扬起尘土，制造溃败的假象。楚将子西上当，率军猛追晋国上军，贸然前进脱离队伍的楚国左军暴露出侧翼。先轸一声令下，晋国中军猛冲楚左军侧翼，将其拦腰斩断。狐毛、狐偃率上军杀回，夹击楚左军，一阵混战，腹背受敌的楚左军大败。两翼惨败，成得臣见势不妙，慌忙率中军撤退，楚军大败。

城濮之战晋军将兵者诡道的战术变化用到极致，马蒙虎皮，攻敌之弱，树枝扬尘，诱敌深入，侧翼横击，左右夹攻，出奇制胜。给狂妄的成得臣好好地上了一堂战术课。

成得臣率残兵败将归国，到达连谷，迎来楚成王的使者，使者带来楚王的话，“大夫若回国，有何面目见申、息父老”。楚国传统覆军杀将，战败有什么理由活下去。成得臣拔剑自尽。

晋文公一战封神，阻止楚人北进，结束了齐桓公后中原群龙无首的局面。周天子策命晋文公为诸侯之长。十路诸侯于践土会盟，再现齐桓公当年盛况。

齐桓公北御戎狄，晋文公南败荆楚，改变了“南夷与北狄交，中国不绝若线”的危急局面。失败后的楚人则变换策略，不再以极端的武力兼并土地，试图加入诸夏，晋、楚两国开启春秋时代的百年争霸。

**图书在版编目（CIP）数据**

春秋霸业／滕涛著. —北京：中国工人出版社，2022.6
ISBN 978-7-5008-7927-5

Ⅰ.①春…　Ⅱ.①滕…　Ⅲ.①中国历史—春秋时代—通俗读物　Ⅳ.①K225.09

中国版本图书馆CIP数据核字（2022）第078646号

春秋霸业

**出 版 人**　董　宽
**责任编辑**　傅　娉
**责任校对**　丁洋洋
**责任印制**　黄　丽
**出版发行**　中国工人出版社
**地　　址**　北京市东城区鼓楼外大街45号　邮编：100120
**网　　址**　http://www.wp-china.com
**电　　话**　（010）62005043（总编室）　（010）62005039（印制管理中心）
　　　　　　（010）62379038（社科文艺分社）
**发行热线**　（010）82029051　62383056
**经　　销**　各地书店
**印　　刷**　天津中印联印务有限公司
**开　　本**　710毫米×1000毫米　1/16
**印　　张**　15.75
**字　　数**　197千字
**版　　次**　2022年7月第1版　2023年7月第2次印刷
**定　　价**　48.00元